韓国につける薬

お金で読みとく日韓関係

大村大次郎

元国税調査官

ビジネス社

はじめに

現代の韓国の発展は、日本の経済支援なしにはあり得なかった。

60年代に入るまで韓国は世界の最貧国であり、北朝鮮よりも国民1人あたりのGDPは低かった。

しかし1965年に日本と国交を回復し、日本の経済支援や民間投資により、韓国は瞬く間に経済成長し、1970年代には世界の富裕国の仲間入りをした。

また韓国最大の企業サムスンをはじめ、現代《ヒュンダイ》グループなど、韓国の企業のほとんどは、日本企業の投資や技術指導により、発展してきた。韓国の主たる企業で日本企業の支援を受けていない企業を探すのは難しいほどである。

さらに、80年代の累積債務危機、90年代のアジア通貨危機の際に、韓国経済が破綻しかかったときに、もっとも多くの支援をしたのは日本である。日本は、その後も韓国経済が危機に陥るたびに、支援の手を差し伸べてきた。

現在の日韓対立は、政治的な対立というより、日韓両国の経済事情が深く絡んでいる。韓国は一部の財閥に国の富の大半が集中し、日本以上に貧富の差が激しく、少子高齢化も進んでいる。

その国民の不満のはけ口として、韓国の政権は日本批判を展開してきた。そういう国の姿勢は、絶対に間違っているといえる。

また昨今では日本自体も貧富の差が激しくなり、少子高齢化も加速している。そのため日本の国民も不満のはけ口を求めるようになり、度重なる「韓国の挑発」が格好の対象になっているきらいもある。

今の日韓両国は、「貧富の格差」「深刻な少子高齢化」という重い負担を抱えており、このままいけば両国とも破綻してしまう状況である。近い将来、日本列島と朝鮮半島半部は、老人だらけの地獄のような地域になる。

日韓両国は対立している場合ではなく、協力して「貧富の格差」「少子高齢化」への対処をしていかないと、両国とも沈んでいくことになる。

「日韓両国はお互いの経済問題を協力し合いながら解決していくべきである」

それが訴えたくて本書を執筆した次第である。

第2章 韓国の債務危機、通貨危機も日本が助ける

第3章　韓国の若者は地獄に住んでいる

第4章　財閥問題のはけ口としての反日感情

第5章　あなどれない韓国の「模倣技術」

第6章　日韓が今すべきこと

序章

日本は
韓国経済の中枢を
握っている

なぜ日本の輸出審査厳格化で韓国は大騒ぎしたのか？

日本政府は、2019年7月、安全保障を理由として、韓国向けのフッ化ポリイミド、レジスト、フッ化水素の輸出審査を厳格化することなどを発表した。

これは、韓国政府が日本企業への徴用工賠償命令判決を放置したり、慰安婦問題の解決策だった「和解、癒し財団」を解散させたことへの事実上の報復措置とみられる。

フッ化ポリイミド、レジスト、フッ化水素は、半導体の製造などに欠かせない材料で、韓国はその多くを日本からの輸入に頼っている。

もし、この三つの材料を日本から輸入できなくなってしまえば、韓国の半導体産業は大きな打撃を受ける。半導体は韓国の輸出の20％を占める、韓国経済の屋台骨ともいえる主要産業であり、この半導体が落ち込めば韓国経済を大きく揺るがすことになる。

韓国は蜂の巣をつついたような大騒ぎとなり、反日運動や、日本製品不買運動にまで発展している。

韓国の慌てぶりを見て、逆に驚いた日本人も多いのではないだろうか？

たった3品目の輸出を、それも禁止ではなく、審査を厳格化するというだけで、なぜそんなに慌てるのだ、と。

韓国を代表する企業のサムスン電子は、携帯電話の世界では日本のメーカーを大きく引き離し、世界シェアの1位である。

また造船では世界シェア1位、半導体は世界シェアで2位である。世界的に見れば、かなりの経済大国である。

これほどの経済大国が何をたった3品目の輸入審査が厳しくなっただけで、そんなに慌てるのか、ということである。

実は、日本からの輸入品というのは、**韓国経済の泣き所**なのである。

韓国は、半導体や電化製品、造船などの工業製品輸出を主な産業としている国だが、実は工業製品の土台となる「加工材料」については長らく日本から輸入している。

この「加工材料」については、高度な科学技術を要するものであり、この分野ではまだ韓国は日本に太刀打ちできない。というより、加工材料の日本からの輸入がなければ、韓

韓国の日本に対する貿易赤字

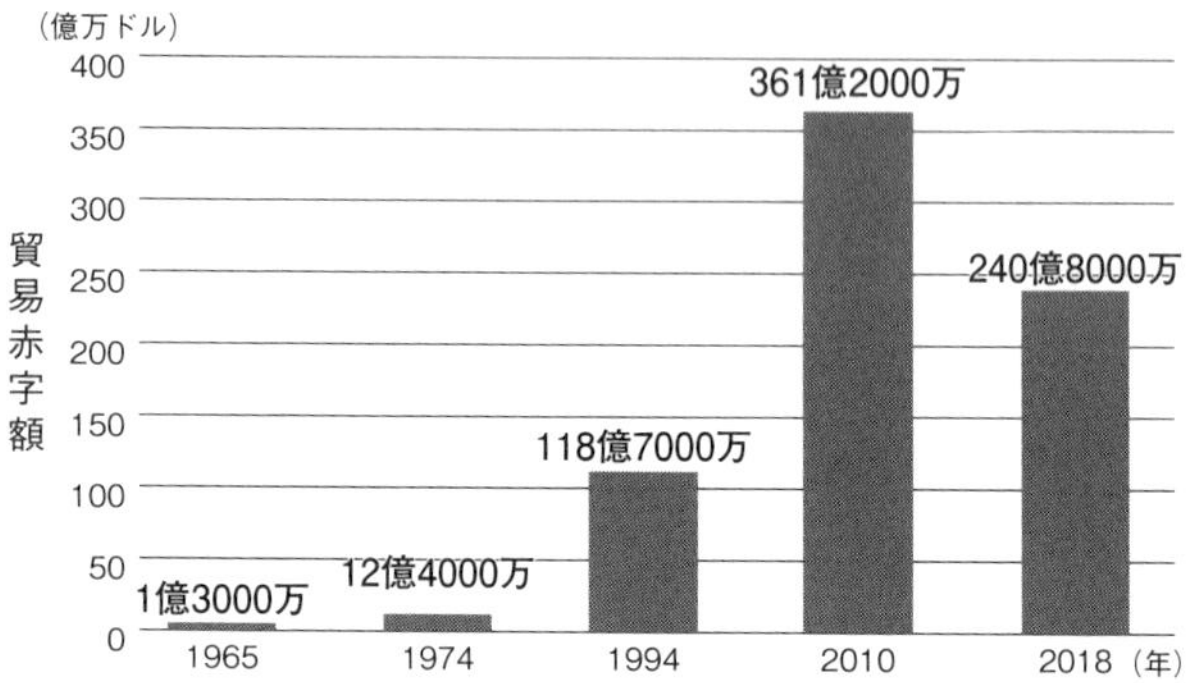

国経済はやっていけないのだ。

韓国が世界中に輸出している工業製品の多くは、加工材料を日本から取り寄せている。

日本と韓国の貿易収支を見たとき、韓国の輸入超過がずっと続いており、韓国は国交回復以来一度も対日貿易で輸出超過になったことがない。つまり、韓国の対日貿易はずっと赤字なのである。

まだ中国の電化製品などが世界を席巻する前、韓国の家電が世界を席巻しているときでさえ、対日貿易に限っては大幅な赤字となっていた。韓国の対アメリカ貿易は、かなり長い期間、黒字になっているにもかかわらず、である。

韓国の関税庁の発表データによると、日本と韓国が国交を回復した１９６５年から２０１８年までの韓国の対日貿易赤字は６０４６億ドル（約

65兆6590億円）に上るという。

韓国自体、このことについて、もう半世紀前から危惧《きぐ》を抱いていた。しかし、半世紀もの間、解決できなかったのである。日本の輸出審査厳格化は、その韓国経済の急所を衝いたということである。だから、あれほど国中が大騒ぎしたのだ。

なぜ韓国は重要品目の輸入を日本に頼っているのか？

近年、韓国は日本に対する敵対的な政策を敷いてきた。

また韓国人の反日感情は根強いものがある。

なのに、なぜ韓国は、重要な輸入品を日本に依存していたのか？

その答えは、戦後の日韓関係にある。

戦後の韓国経済は、**日本の支援で成り立ってきた**ものである。

国交回復時の請求権協定の支援金が、韓国の奇跡の経済成長の一因になっていることはよく知られたことである。が、それ以上に、日本の技術支援が、韓国経済を大きく成長させた。

サムスン電子、LGエレクトロニクス、現代《ヒュンダイ》自動車も、最初は日本の技術支援を受け「日本製品の組み立て工場」から出発したのである。現在の韓国の主要企業で、日本の技術支援を受けたことがないものは皆無と言っていいほどである。

詳しくは後述するが、60年代から80年代にかけて、日本企業は国を挙げて韓国企業への支援を行っていた。

事業計画、工場の設計、プラントの建設などすべてを日本側が行い、韓国企業はそれを受け入れるだけのような状態だった。工場の従業員の研修も日本で行われていた。

そして一から十まで韓国で製造するのは難しいので、重要な部品や加工材料は日本から取り寄せ、韓国の工場でそれを組み立てる、という方法を採ったのである。

韓国は経済成長した後も、重要な部品や加工材料は日本から取り寄せるという形態はあまり変わらなかった。

加工材料などの分野は成長するまで手間がかかるので、韓国企業はどこもこの分野には手を出さなかったのだ。高度な技術を会得して自分たちでつくるより日本から輸入したほうが安くついたからである。

そのため、韓国経済は輸出が増えれば増えるほど、日本からの輸入が増えるということになっていた。

それが1960年代から現代までずっと続いているのだ。

韓国には優秀な中小企業がほとんどない

韓国が重要な部品や加工材料を日本に依存している理由の一つとして、韓国には優秀な中小企業がほとんどない、ということも挙げられる。

日本の部品や加工材料の生産は、中小企業が担っている部分が大きい。日本には、技術力の高い中小企業がたくさんあり、それが日本の工業製品の下支えになっているのだ。

しかし、韓国の場合は、**技術力のある中小企業がほとんどない**のだ。

韓国経済というのは、財閥を中心に発展してきた。

韓国の30大財閥の年商総額は1134兆ウォンであり、韓国GDPの91・7％にも及んでいる。

つまり、韓国経済というのは、ほぼすべてを財閥によって支配されているのである。

財閥は大きな資本力を生かして、巨大で最新式の工場設備を採り入れることができる。

それが韓国経済の強みでもあった。

が、その一方で、中小企業がコツコツと技術を磨いてつくり上げる製品というものは、発展してこなかった。国が財閥の優遇ばかりをしてきたために、中小企業の発展がまったく遅れてしまっているのだ。

そこが日本と大きく違うところである。


日本には、世界的な技術をもっていたり、ある分野では圧倒的な世界シェアを誇る中小企業が多々ある。

また中小企業の技術力の差というのは、国の基本的な技術力の差でもある。

大企業の技術というのは、大金を使って、世界から優秀な技術者を集め、最先端の技術を導入すれば、比較的簡単に手に入る。

しかし中小企業の技術というのは、大企業に雇用されていない技術者の力によって発展するものである。国民全体の科学技術が高くないと、中小企業の技術は発展しないのだ。

韓国経済は日本の模倣に過ぎない

現在の韓国の主要産業は、すべて日本の模倣《もほう》である。

携帯電話、家電、半導体、自動車、造船など、すべて先に日本が商品を開発し、世界の市場を開拓したものである。

韓国で独自に発展した〝**世界に通用する産業**〟はないに等しい。

個々の分野では韓国独自の技術を開発したものもあるが、根幹的な技術は日本からの移植なのである。そして、日本から韓国への技術移植というのは、主に日本の技術支援、日本企業の技術供与などで行われてきたものである。

韓国の科学技術力というのは、率直に見て、まだ日本に追い付くには時間がかかるといえる。たとえば韓国は、学術部門でのノーベル賞はまだ一つも獲っていない。韓国がノーベル賞を取ったのは、北朝鮮との対話ムードをつくった金大中氏の平和賞だけである。

また韓国は、世界を驚かすような発明品をつくったことはまだない。CD、DVD、デジカメ、カーナビ、ウォークマン、薄型液晶テレビ、USBメモリーなど日本の企業は世界を驚かせる「新商品」をいくつもつくってきた。

韓国の企業は、4Kテレビや、スマホの技術の一部で日本を凌駕するようなことはあったが、それはすでに基本の技術が開発された上での「付け加えの技術」に過ぎない。

日本の企業が多く行ってきたような、これまでにない、まったく新しい商品の開発などは、まだ成功していないのだ。

だから韓国は「ある分野の産業が衰退しても、他の産業が発展することで国力を維持していく」ということがなかなかできないのだ。

総合力の面でもまだ日本にかなり分があるのである。

しかも韓国経済は、日本への依存度が異常に強い。そして日本が韓国への技術移植を止めてしまえば、韓国経済の発展は止まってしまうのだ。


なぜ韓国経済は嫌いなはずの日本にここまで依存しているのか?

本書では、そのことについて戦後の日韓の経済関係を軸に、追求していきたい。

併せて、日本と韓国の経済はこれからどうなっていくのか、日本と韓国はどうあるべきなのかも占っていきたい。

第1章

世界最貧国が日本と国交回復した途端に急成長

米ソの思惑でつくられた現代の韓国と北朝鮮

現代の韓国という国の始まりは、日本の第二次大戦の敗戦が起源となっている。現在の大韓民国という国は、韓国人たちが自分たちの意思でつくった国ではない。大国の思惑でつくられた国なのである。

第二次大戦も大詰めに迫った1945年2月のことである。クリミア半島のヤルタで、アメリカ、イギリス、ソ連の首脳による会談が開かれた。いわゆるヤルタ会談である。

すでに戦争の勝敗は見えていたので、このときに話し合われたのは、戦後の世界をどうするか、についてである。

この会談で、朝鮮半島に関する重要なことが決められた。

・ソ連は日本に宣戦布告すること

・朝鮮は日本の支配から解放されること
・北緯38度線を境にして、北にソ連、南にアメリカが進駐すること
・戦後しばらく朝鮮は信託統治とすること

そして、この会談で決められた通り、ソ連は1945年8月9日に日本に宣戦布告をし、旧満州に攻め入ってきた。

そして日本が降伏した後、アメリカも朝鮮に上陸し、米ソは38度線を境に対峙することになったのだ。

このときは、まだ朝鮮半島を分断統治するなどという話にはなっていなかった。とりあえず、米ソ両国が占領し、そのうちに自治政府をたちあげる予定だったのだ。

しかし、第二次大戦が終わるとすぐに米ソの仲が悪くなる。東西冷戦の始まりである。

朝鮮半島もそのあおりを受けて、南北地域が対立し、なかなか統一政府ができない。そのうち、対立はどんどん激しくなり統一国家などは、絵空事になってしまった。

また韓国の人たちは、そもそも自分たちで国をつくる準備などはほとんどしてなかった。

現代の韓国の歴史では、日本に併合されていたときには、「全国的に抗日運動が繰り広げられ、その結果、第二次大戦直後に独立を勝ち取った」ということになっている。

しかし実際は抗日運動というのは限定的なものであり、国全体の組織的なものではなかった。

もし本当に韓国が抗日運動の末に独立を勝ち取ったのであれば、韓国の建国はスムーズにいったはずである。

しかし、現実はまったくそうではなかった。

韓国の独立は、**「棚からボタモチ」**のようなものだった。というより、韓国人の多くは日本が撤退した後の混乱に、当惑さえしていた。国をつくる用意などまったくしていないのだから、国が混乱するのは当たり前ではある。

絵にかいたようなアメリカ傀儡政権

それでもアメリカ軍が韓国に到着したころには、韓国内にもボチボチ自治組織が起ち上がっていた。韓国人たちはアメリカから占領統治されるつもりはなく、すぐにでも自分たちで新政府をつくろうとした。

しかしアメリカ軍は韓国内で生まれていた自治組織で新しい政権をつくることは許さなかった。自治組織に任せるのではなくアメリカ軍による「軍政」を敷くことになった。敗戦国と同様か、それ以下の扱いだった。

このときアメリカが韓国内に出した夜間通行禁止令は、1981年まで解除されなかった。

そしてアメリカは、34年も韓国を離れてアメリカに住んでいた李承晩《イスンマン》を首班とする政府の樹立を指示した。

李承晩は、プロテスタントでアメリカ留学の経験もあり、韓国が日本に合併された翌年の1911年にアメリカに亡命した。

アメリカでも韓国の独立運動に携わり、1919年に上海でつくられた大韓民国臨時政府では一時、大統領に推されていたが、その後失脚していた。

当然のことながら李承晩は親アメリカだった。アメリカとしては、こういう人物が政権に就くのが望ましかったのだ。

が、李承晩は、亡命生活が長く、韓国の国内では政治的な影響力は低かった。にもかかわらず、アメリカは李承晩を強引に新政府の首班に仕立て上げたのである。

そして、第二次世界大戦終結から3年後の1948年8月15日、大韓民国が樹立する。初代大統領は、李承晩である。この李承晩は、1960年にクーデターが起きるまで大統領の椅子に座り続ける。

絵にかいたような**「傀儡《かいらい》政権」**だった。

世界最貧国になる

アメリカの傀儡政権の時期、韓国の人々は塗炭の苦しみを味わうことになる。世界の最貧国になってしまうのだ。

戦前の韓国経済というのは、日本に米などの食料を輸出することで成り立っていた。しかし、アメリカは日本と韓国の経済関係を完全にシャットアウトした。そのため、韓国経済は輸出ができずに逼迫《ひっぱく》した。また日本は日本で食糧不足で飢えにあえぐことになった。日本は戦争により食糧難になったとされるが、実は戦争中よりも終戦直後のほうが食

朝鮮戦争で逃げまどう少女

糧難は厳しかったのだ。その最大の要因は、アメリカが食糧の輸入を認めなかったことなのである。

つまりは、アメリカの軍政は、韓国にも日本にも苦しみを与えたのである。

そこに持ってきて朝鮮戦争の勃発である。北朝鮮軍の侵攻から始まったこの戦争は、3年間続き、1953年になってようやく休戦となる。

この朝鮮戦争は、朝鮮半島のほとんど全域で行われた。

1950年6月25日、突如、北朝鮮が38度線を越えて進撃してきた。

不意をつかれた韓国は、たった3日でソウルが陥落するなど敗退を重ねた。9月には朝鮮半島のほとんどを占領され、南端の釜山付近にまで追い詰められた。

が、国連で北朝鮮の撤退を求める決議が採択され、国連軍の派遣が決定した。朝鮮半島がほぼ北朝鮮軍の手中に陥りかけていた9月、国連軍がようやく到着し、反撃を開始した。そして瞬く間に38度線を回復し、逆に平壌を占領した。わずか1か月で、今度は北朝鮮軍を全滅一歩手前まで追い詰める。

しかし国連軍が38度線を越えると、中国が義勇軍の派遣を決定する。再度、北朝鮮軍が挽回し、平壌を奪回し、さらにソウルをも再度陥落させる。

国連、韓国軍も反撃、ソウルを再度奪回し、その後、38度線を挟んで両軍がこう着状態になる。

このように両軍が相手の首都を何度も陥落させるという激戦であり、当然のことながら、国土は非常に疲弊した。

朝鮮戦争前、なぜアメリカ駐留軍は韓国から引き上げたのか？

朝鮮戦争が起きたのは、アメリカ軍が韓国から引き上げたことが原因の一つである。

当時、朝鮮半島とつながっている中国では、毛沢東率いる共産党軍が、蔣介石の国民党軍を台湾に追い払い、中国全土を掌握していた。そして1949年（朝鮮戦争の前年）に、中国共産党は、「中華人民共和国」の樹立を宣言した。

アメリカは、戦時中から蔣介石を支援していた。が、蔣介石の国民党は、あまりの腐敗ぶりを示し、中国人民の支持を失っていた。アメリカも蔣介石には匙を投げ、それが中国共産党の勝利につながったのである。

これにより韓国は地政学的に非常に危ない位置に立たされることになった。

北朝鮮は後ろ盾として、中華人民共和国とソ連を得ることになったのだ。しかも、中国共産党はいましがた戦闘を終えたばかりである。大量の武器と兵員が、中国国内にあふれ返っている。それを朝鮮半島に振り分けることなど簡単だった。

このように韓国が超危険な状態に立たされているときに、アメリカ軍は韓国駐留軍を引き上げたのである。

アメリカとしては、ソ連と38度線を境にして両側を統治するという約束を交わしており、ソ連も当然それを守るはずだと踏んでいた。が、アメリカと約束をしていたのはソ連だけである。中国共産党はアメリカと何の約束もしていない。

北朝鮮が中国共産党と組んで、韓国に攻め込む可能性はあったはずだ。事実、そうなったのである。

こんな危険な状態なのに、なぜアメリカは駐留軍を韓国から引き上げたのか？

簡単に言えば、韓国に軍を置いていても、経済的なメリットがなかったからである。

韓国は、資源の少ない国である。

朝鮮半島では、石炭や銀や鉄鉱石の鉱山があったが、そのほとんどは北朝鮮にあった。だから日本併合時代も必然的に重工業は北朝鮮に集中していた。韓国の主産業は農業だったが、それもそれほど豊穣というわけではなかった。

しかも、韓国は貧乏国であり、駐留しても駐留経費をだしてくれるわけではない。逆に、アメリカが経済支援をしなくては成り立たないような国である。

アメリカから見れば、韓国に長居しても「良いことはない」という状態だった。

幸い、日本に大規模な駐留軍を置いており、何かあったときにはこれを使えばいいと考えていたのだ。

「朝鮮戦争の特需で日本経済が回復した」というウソ

戦後の日本経済を語るとき、しばしば**「朝鮮戦争の特需で日本経済が回復した」**と言われる。つまり、韓国の犠牲によって日本経済は復活したというわけである。

が、この見方は間違っている。

というのも、日本は朝鮮戦争では収入よりも支出のほうが多かったと見込まれるからである。

アメリカ軍は、終戦後しばらく、日本に駐留したが、この駐留経費は日本が支払うことになっていた。この駐留軍が、朝鮮戦争での主力軍となった。

この駐留経費が、莫大だったのである。

昭和28年の参議院の国会答弁書によると、47億ドル（当時の日本円換算で5100億円）にも及ぶものだった。昭和28年時点での日本の国家予算が約1兆円なので、年間の国家予算の半分が駐留経費ということになる。

そもそも、アメリカ軍の駐留というのは、当初、それほど長くなるはずではなかった。

しかし、朝鮮戦争や、その後の東西冷戦の深刻化によって、第二次世界大戦の講和条約が、なかなか成立しなかった。

そのためアメリカの駐留が長引いたのである。

しかも、この47億ドルの駐留経費の中には、朝鮮戦争での国連軍の経費も入っていたのだ。

朝鮮戦争特需は、直接的なものが10億ドル程度、間接的なもので36億ドル程度とされている。

つまり、日本がアメリカに払った駐留経費のほうが、朝鮮戦争の特需で受けた経済恩恵よりも大きかったのである。

そもそも、朝鮮戦争というのは、韓国が貧しすぎて駐留経費を取れないために、アメリカ軍が駐留軍をあまり置いていなかったことから生じたものなのである。その隙《すき》をついて北朝鮮軍が攻めかかってきたのだ。

そして、それを押し返したアメリカ軍の軍費は、日本が多くを負担していたのだ。日本は間接的に、韓国を崩壊から救ったとさえいえるのである。

なぜアメリカの経済支援は役に立たなかったのか？

終戦後から1960年代中盤までの韓国は、輸入が輸出を大きく超過していた。

もちろん毎年、巨額の貿易赤字となっていた。輸入の大半は、アメリカからの支援輸入だったので、外貨が枯渇して経済破綻するようなことはなかった。が、輸出が少ないので外貨は常に不足しており、韓国が自発的に輸入できるものは非常に限られていた。

またこの期間の韓国経済は、GDPに占める経済支援の割合が大きかった。だいたいGDPの1割前後は、経済支援だった。アメリカの経済支援がなければ成り立たない経済状態だったのである。


1945年以降、アメリカは韓国に対して年間2億ドル～3億ドル、総額にして31億ドルという莫大な経済支援を行っている。

日韓国交回復時に締結された日本の韓国に対する無償経済支援は3億ドルだった。これを考えれば、アメリカが行っていた毎年2～3億ドルの支援がいかに大きなものだったの

戦後の韓国の輸出入

単位1000ドル

	総輸出	総輸入	うち支援輸入	貿易赤字
1948年	22260	208003	179593	185743
1951年	15569	155337	106542	139768
1955年	17786	341415	232987	323549
1960年	32827	343527	246369	310700
1962年	54813	421782	238257	366969

「恨の経済」徐載軾著　日本経済評論社より

GNPに占める経済支援の割合

年	1948	1951	1955	1960	1962
GNPに占める経済支援の割合	13.8%	9.4%	13.4%	10.5%	9.7%

「恨の経済」徐載軾著　日本経済評論社より

かわかる。

が、アメリカがこの莫大な経済支援をしている間、韓国は大して発展しなかった。

終戦以降、韓国経済は瀕死の状態が続き、１９６０年の時点でも**世界最貧国の一つ**に数えられた。国民１人あたりのＧＤＰは、北朝鮮の半分以下だったのである。

なぜアメリカの経済支援は韓国に発展をもたらさなかったのか？

その理由は明白である。

アメリカの経済支援の大半は、医療品、食料、衣類など、戦災国や貧困にあえぐ途上国を支援する**「人道支援」**的な内容だった。

それが、10何年も続いたのである。

韓国としては、そういう「人道支援」的なものではなく、産業を発展させる建設機械や工場設備などの支援をしてほしかった。アメリカに対して、直接そういう要請を何度も行ってきた。

しかしアメリカは、肥料や石油などの原材料も支援してくれるようになったものの、産業機械などは送ってくれなかった。

韓国側が、インフラを整備したい、肥料をつくる工場を建てたい、衣類をつくる機械を送って欲しいと要請してもなかなか聞き入れてくれなかった。

アメリカの韓国への支援の中心となっていたのはＩＣＡ（国際協力局）という支援活動だった。このＩＣＡは、１９５３年から8年間続き、総額は17億４０００万ドルにもなっていた。このＩＣＡの支援の内訳は、73％が原料だった。韓国側が求め続けていた機械設備等は27％に過ぎなかった。

そしてアメリカは食糧援助も行っていたが、これはアメリカの余剰食糧を送ってくることが多かった。この食糧援助は、韓国にとっては痛しかゆしのものだった。というのも、この食糧援助によって国内の農業の発展が妨げられていたからである。

ちなみに、このアメリカの余剰食糧支援は、戦後の日本にも行われていた。が、アメリカは、戦後日本が復興したのを見て、この食糧支援の代金を請求してきた。もちろん、日本側は「それは話が違うじゃないか」とアメリカに抗議をしたが、結局、払わされたのである。

またアメリカが韓国に支援した物資は、国民に無償で配給されるのではなく、いったん政府が受け取り国民に販売された。政府はその代金を軍事費などに充てたのだ。

この支援物資は、政府にコネを持つ商人、つまり政商たちが取り扱うことになった。それは、韓国経済の財閥化を推し進めることになった。

ともあれ、このようにアメリカの支援は、自国の都合に合わせたものが多く、韓国の経済発展にはつながらなかった。

詳細は後述するが、日本は韓国に3億ドルの無償援助を行い、韓国経済はそれによって劇的な発展を遂げた。

アメリカの支援よりかなり低い金額にもかかわらず、韓国が発展したのは、日本が韓国の欲するものを提供したからである。日本の支援は、韓国の実情に合わせ、韓国の経済発展に必要なものを、韓国の要請に応じて行われたのだ。

ただし、アメリカの経済支援の在り方は、国際社会の常識としては決して間違ったものではなかった。普通は「韓国が戦争で疲弊して苦しんでいるので人道支援をする」というだけでもありがたいもののはずである。食料や医療用品、衣料までをもらった上にさらに産業発展のための経済支援をしろというのは虫が良すぎる。自国の産業発展は、自国で行うのが普通である。

これを見たとき、むしろ日本の支援が**度を越しすぎていた**とさえいえる。

実際に後年、日本はこの行き過ぎた支援のために苦しむことになるのだ。

1960年代初頭、韓国経済は絶体絶命の危機にあった

1950年代後半から60年代初頭にかけて、韓国経済は絶体絶命の危機に陥る。

前述したように、戦後の韓国経済というのは、完全にアメリカの支援に頼り切った体質になっていた。アメリカの支援がなければ、莫大な輸出超過になる。むしろ、アメリカの支援がなければ、国民の今日食べる食糧さえままならない状況だった。

が、当時の韓国はアメリカとの関係が決してうまくいっていなかった。

韓国は「北朝鮮への備えとして軍備を増強したい」「産業を発展させたい」「そのための支援がもっと欲しい」とアメリカに言い続けてきた。しかしアメリカはなかなか韓国のいうことは聞いてくれない。


またアメリカは経済支援の見返りとして、韓国経済への支配力を強めていた。

アメリカから韓国への経済支援に関しては「合同経済委員会（CEB）」が窓口となっていた。「合同経済委員会」というのは、米韓両国の委員によってつくられており、支援の額や支援内容などは概《おおむ》ねここで決められた。

が、この「合同経済委員会」は、アメリカから韓国への政策注文の場ともなっていた。アメリカはこの委員会を通じて、韓国の経済政策や金融政策についてあれこれと指示をしていた。韓国政府としては、それが鬱陶《うっとう》しい。


このため、米韓の関係はぎくしゃくしていく。1957年、アメリカはついに韓国への支援の縮小を決定した。経済支援を20％カットするとともに、今後は無償支援ではなく、有償支援に切り替えていくと発表したのだ。そのため60年代の初頭には、アメリカの無償支援は終わってしまうことになった。

もちろん、それは**韓国にとって大変**なことだった。

当時の韓国経済のGDPに占めるアメリカからの支援額は約10%にも達していた。アメリカからの支援がなくなれば、GDPが10%減少するのと同じことが起きる。

しかも、当時の韓国は世界でもっとも貧しい国だったのだ。その貧しい国のGDPがさらに10%もカットされれば、経済は完全に崩壊してしまう。

韓国の財政は破綻に近い状況であり、失業者は増加の一途をたどり、インフレで国民は窮乏にあえいでいた。外貨は底をつきかけて輸入もままならない状況だった。

1960年の時点で、なんと1人あたりのGDPは、韓国は北朝鮮の半分以下だったのだ。北朝鮮の当時のGDPは195ドル、韓国は80ドルちょっとだったのだ。

そして、1960年の北朝鮮の最高人民会議（第二期八次会議）では、北朝鮮から韓国に対して、経済支援を引き換えに南北統一方案が出された。これは「北朝鮮の経済力で韓国の人民を救済してあげよう」という内容のものだった。

今となっては冗談のような話に思われるが、当時の経済状況から見ると不自然ではないものだった。それほど韓国の経済状況は疲弊《ひへい》していたのである。

また1963年には、韓国は食糧不足を理由にアメリカに食糧支援を要請したが、断られてしまう。

この絶体絶命のピンチにおいて、韓国が選んだのは**「日本に助けを求めること」**だった。

親日大統領「朴正煕」とは？

1960年代初頭、韓国でクーデターによって親日政権が誕生する。そして、この親日政権のもとで韓国は奇跡的な経済発展をすることになる。

親日政権ができた経緯は次の通りである。

1960年3月、一向に経済が良くならず貧しい暮らしを余儀なくされていた韓国では、4回目の大統領選挙が行われていた。が、この大統領選挙は不正によって出来レースとなっており、筋書き通りに李承晩が当選した。アメリカの傀儡《かいらい》政権がまだ続くことになったのだ。

李承晩政権のこれまで不正と横暴は、韓国の人々の怒りを買っており、この大統領選挙でついに爆発した。

韓国の学生や市民たちが各地で大規模なデモを繰り広げたのだ。デモは全国規模に膨れ上がり、このデモを抑える自信がなくなっていた李承晩大統領は大統領職を辞し、ハワイに亡命した。

これは**4月革命**と呼ばれている。

しかし、この4月革命の後も政権は安定しなかった。李承晩失脚後に政権を担ったのは、李承晩政権の時代に野党第一党だった民主党だった。が、民主党は政権を担うやいなや内部分裂を繰り返し、また軍部の掌握にも失敗し、国政は大混乱をきたした。

それを見た軍部の一部が、1年後の1961年5月にクーデターを起こし、国家の全権を掌握した。

このクーデターグループの指導者だったのが、元日本陸軍の士官だった朴正熙《パクチョンヒ》である。

そしてこの朴正熙が、次の政権を担うことになる。

朴正熙は、日本併合後の1917年、朝鮮の貧しい農家に生まれた。

朴正熙（1917～1979）
韓国の政治家、軍人。1961年の軍事クーデターで国家再建最高会議議長に就任し、1963年から1979年まで大統領（第5代から第9代）。側近の金載圭によって暗殺された。日本名は高木正雄。

勉学に励み、師範学校を出て一時は教師になるが、その後、満州国陸軍軍官学校に合格し軍人となる。満州国陸軍軍官学校というのは、満州国の陸軍幹部を養成する学校である。満州国の陸軍は日本陸軍が取り仕切っており、日本陸軍の満州現地軍というものだった。

この満州国陸軍には、日本人だけではなく、朝鮮や満州の人々も入ることができた。満州国陸軍軍官学校は、朝鮮や満州の人々にとっての数少ない出世の道でもあったのだ。

朴正熙は満州国陸軍軍官学校では、非日本人としては首席の成績となり、日本の陸軍士官学校への2年間の留学が許される。日本陸軍士官学校では、57期に相当する。

当時では、朝鮮や満州の人々も、現地の軍の学校で優秀な者は、日本の陸軍士官学校に入ることができたのだ。

陸軍士官学校というのは、陸軍の士官を育成する学校であり、日本陸軍の中枢を担う学校である。日露戦争以降の陸軍の幹部はすべて、この陸軍士官学校の出身である（日露戦争当時には乃木希典《まれすけ》大将をはじめまだ幕末志士の生き残りが軍幹部にはいた）。

その日本陸軍のエリート学校で、朝鮮や満州の青年たちも学んでいたのだ。

朴正煕もその1人だった。

彼は卒業後、満州国陸軍の歩兵第八団に少尉として配属された。そして、中尉で終戦を迎えた。

戦後は、韓国軍の軍人になった。

韓国軍の創設時の中心は、旧日本軍や旧満州軍の軍人が占めていた。

アメリカが、韓国に最初の士官学校をつくったとき、その第1期生は日本陸軍出身者20名、関東軍出身者20名、光復軍（韓国臨時政府軍－韓国独立運動）出身者20名だったのだ。

つまり初期の韓国軍は抗日運動家よりも、日本軍関係者のほうが圧倒的に多かったのだ。

韓国軍は、良きにつけ悪しきにつけ日本軍の伝統を受け継ぐことになるのだ。

朴正煕は、日本語も流暢に話すし、日本人の知り合いも多い。

そもそも朴正煕が軍人を志したのも、教師をしているとき学校の教練軍人の日本人から可愛がられたからである。

当然のことながら親日である。

しかし、朴正熙は大統領になってから、「自分は親日だ」などとは絶対に言わなかった。むしろ「自分は反日だ」ということを公言してきた。が、これは額面通りに受け取ることはできない。

戦後の韓国では、「親日」を公言することは社会的に抹殺されるのと同じだったからだ。特に政治家にとっては、「自分は親日だ」などということは絶対にタブーだった。

朴正熙がどれほど親日だったかというと、クーデターが成功した半年後に日本を訪問していることからもわかる。

この時期、まだ朴正熙は大統領には就いておらず、クーデター直後で政権も不安定だった。また日本と韓国は、この時期まだ国交を回復していない。

だから、この時期に韓国の最高指導者が日本を訪問するなどということは、さまざまな面で無理のあることだったのだ。

にもかかわらず、朴正熙は強引に日本を訪問しているのである。

そこには、「日本からの支援で韓国経済を立て直したい」という強力な意思があった。朴正熙は、クーデター成功の報告とばかりに日本の要人に会い、「これからは仲良くしたいので支援をお願いしたい」ということを暗に示したのである。このときには、日本からは岸信介元首相などが応対している。

親日政権が誕生した途端、急激な経済発展

日本と韓国は、1965年に国交を回復した。

このときに両国は「請求権協定」を結び、韓国の日本に対する戦争賠償などの権利として、日本は韓国に対して3億ドルの無償援助、2億ドルの借款《しゃっかん》を行うということになった。

そして1960年代から韓国経済は急激に発展する。

いわゆる**「漢江《ハンガン》の奇跡」**である。

世界最貧国の一つに数えられていた韓国は、たった10年足らずで世界有数の工業国に生まれ変わるのだ。

戦後の韓国の輸出入額の推移

単位100万ドル

	輸出	輸入
1948年	22	209
1951年	16	155
1955年	18	341
1956年	25	386
1957年	22	442
1958年	16	378
1959年	20	304
1960年	33	344
1961年	41	316
1962年	55	422
1963年	87	560
1964年	119	404

	輸出	輸入
1965年	175	463
1966年	250	716
1967年	320	996
1968年	455	1463
1969年	623	1824
1970年	835	1984
1971年	1068	2394
1975年	5081	7274
1980年	17505	22292
1984年	39243	30613
1985年	30283	31136

「恨の経済」徐載軾著　日本経済評論社より

この「漢江の奇跡」は、どう控えめに評価しても**「日本のおかげ」**であるといえる。日本は韓国の工業化に必要なものをすべてプレゼントしたからである。

国交回復時の日本政府から援助5億ドルは、それまでのアメリカの支援に比べれば小さい。しかし日本の場合は、韓国の経済状況に合わせて、もっとも必要なものを援助した。そして、韓国経済界全体に、手厚い技術支援を行ったのである。

現在、韓国の主力輸出産業となっているもののほとんどすべてが、この時期に日本企業と合弁で始められたものなのである。

上の表は、韓国の輸出入金額の推移であ

る。

これを見ると、朴正煕がクーデターを起こした１９６０年代から輸出額が急激に増加し、さらに日本と国交を回復した１９６５年以降にさらにモーターがかかったように激増しているのがわかる。

前述したように朴正煕は、クーデターを起こした直後に日本を訪問した。

そしてこの前後から国交回復を見越して、日本企業の韓国との取引や投資が激増している。１９６０年代初頭から、民間レベルでは日本の経済支援が始まっているのだ。

だから、韓国の急成長というのは、日本の経済支援とまったくリンクしているといえる。

日韓条約が妥結される前の１９６５年、２０００万ドルの円借款をしている。韓国の外貨が底をつき、輸出代金が払えなくなったための緊急措置である。もし、この２０００万ドルの借款を日本が応じなければ、韓国経済は破綻していた可能性もある。またこの後も日本はたびたび韓国の危機を助けている。

この辺の事実は、くれぐれも韓国の方々にもぜひ直視していただきたい。

韓国を工業国にした「浦項総合製鉄所」

国交回復時の日本の韓国への経済支援を象徴するものとして「浦項《ポハン》総合製鉄所(POSCO)」がある。

「浦項総合製鉄所」というのは、製鉄の一貫工程を備えた本格的な製鉄所である。

この浦項総合製鉄所は、無償資金が約3000万ドル、有償資金が約9000万ドル、合計1億2000万ドルの日本の資金が使われた。

これは請求権資金の約4分の1であり、当時の日本の韓国経済支援の中でも、最大のプロジェクトだった。

韓国は、1960年代後半からこの製鉄所の建設を計画していた。

日本併合時代、日本は朝鮮半島にいくつも製鉄所をつくっていたが、その多くは北朝鮮にあった。北朝鮮では鉄鉱石が採れたが、韓国には鉄鉱石がほとんどなかったのだ。

1960年代当時、韓国にも製鉄所はあるにはあったが、ほとんどは日本時代に使われていたものであり、しかも中小規模のものばかりだった。

製鉄所の建設といっても、ただ製鉄所をつくれば済むという話ではなかった。製鉄所を稼働させるためには、鉄鉱石、屑鉄、石炭、コークスなど大量の原料が必要となる。これらを搬入できる道路や港湾施設などのインフラ整備が不可欠である。

それには、巨額の資金と技術力が必要である。もちろん、当時の韓国にはそんなものはなかった。

韓国は当初は、世界銀行やアメリカから融資を受けるつもりだった。しかし、世界銀行もアメリカも、「韓国に本格的な製鉄所は早すぎる」（採算が取れない）として、融資を断ってきた。

韓国国内でさえ、「韓国に大型製鉄所をつくるのは時期尚早」として反対するものが多かった。

しかし、朴正熙大統領は、「韓国が輸出立国になるには、製鉄所が必ず必要だ」として、この計画を強力に推し進めた。

当時の韓国では、日本向けの水産物や加工食品が主な輸出産品だったが、朴正熙大統領は、造船、自動車、家電製品などの輸出を夢見ていたのだ。今の韓国から見れば、工業製品の輸出はごく普通のことのように思われているが、60年代当時の韓国にとってそれは絵空事だったのである。

韓国は、この融資を最終的に日本に頼んだのである。

朴正熙大統領の日本コネクションを総動員したのだ。

日本も当初は、「採算性に問題がある」として融資を渋ってきた。

しかし、韓国側は、

「韓国の重工業を発展させなければ北朝鮮に侵攻されるかもしれない」

「そうなれば日本の安全保障も脅かすことになる」

として粘り強く交渉してきた。

結局、日本側は、韓国の要請に応じることになった。

対日請求権資金から約1億2000万ドルを建設資金に充てることになったのだ。対日請求権資金は、無条件で韓国側の希望を受け付けるものではなかった。韓国が希望しても日本が応じられない分野もあるし、対日請求権資金の半分以上は「借款（融資）」なので、採算性が見込めない事業については日本側もなかなか承諾できない。が、日本側は韓国の意を汲んで「安全保障の面もある」ということで、採算を度外視して引き受けたのだ。

また技術的な面では、日本の富士製鉄、八幡製鉄、日本鋼管の3社が支援を引き受けた。

手取り足取りの技術支援

このプロジェクトは1973年10月までに、年生産103万トンの一貫製鉄所を建設するという計画だった。

日本側は製鉄所全体の基本設計を行い、計画遂行のためのあらゆる技術支援を行った。

操業に先だち、韓国人400人を日本の製鉄所8か所に受け入れて、3か月から6か月に渡って研修を行った。この400人というのは、POSCOが稼働するときの全従業員の1割に相当する人数だった。

韓国には小規模な製鉄所しかなく、大規模な製鉄所で仕事ができる技術者は皆無だった。

これほどの大量の他国の研修者を受け入れ、損得抜きで自国の技術を伝授するような例は、世界的に稀なことである。

日本側の受け入れ製鉄所では、韓国の若いエンジニアたちに、実際にハンドルを握らせ体で製鉄技術を叩きこんだという。

浦項総合製鉄所の創業時の副社長であり、研修に同行していた高準植《コジュンシク》は次のように語っている。

「室蘭製鉄所の熱延部長の神居詮正《かみいのりまさ》氏は、韓国の若い研修生たちに誠心誠意対応した。その当時の室蘭製鉄所には、最新の熱延技術が導入されたばかりだったが、日本側の負担でこれを稼働させ、韓国からの研修生への技術伝授に最善をつくした」

まさに**「いたれりつくせり」「手取り足取り」**という協力を行ったのだ。


浦項総合製鉄所は、1983年に完成した。

この浦項総合製鉄所はその後、規模を拡大し、また韓国各地にも製鉄所を建設した。2002年からは社名を「POSCO」とした。現在も韓国最大の製鉄メーカーである。

韓国は、鉄（粗鋼）の生産量で、中国、インド、日本、アメリカに次いで世界第5位である。そしてＰＯＳＣＯは、世界の製鉄メーカーの中で、第５位の生産量を誇っている（日本の日本製鉄は第４位）。

また韓国は、造船業において中国に次いで世界第２位であり、自動車の生産台数は世界第７位である。今や韓国を代表する産業である造船業も自動車製造業も、製鉄業に支えられてのものである。

製鉄業は、まさに現代韓国の産業のカナメなのである。その韓国の製鉄業の発展には、日本の協力が不可欠だったことは間違いないのだ。

しかし、このＰＯＳＣＯは、２０１２年、日本の新日鐵から「技術盗用」で訴えられることになる。「ＰＯＳＣＯは新日鐵の元技術者たちを雇用し方向性電磁鋼板の技術を盗用した」として、１０００億円の賠償と高性能鋼板の製造停止を求めて、東京地裁に訴えたのだ。

ＰＯＳＣＯや新日鐵の元技術者たちはこの事実を認め、３００億円の和解金を支払って和解した。

新日鐵というのは八幡製鉄の流れをくむ製鉄メーカーである。いわば、ＰＯＳＣＯの生みの親の1人である。また新日鐵は、ＰＯＳＣＯの大株主のひとつでもあった。

その大恩人である新日鐵の技術情報を不正に取得したのである。

新日鐵は、1990年代のバブル崩壊以降、大量のリストラを行った。そのときに解雇された技術者などが、ＰＯＳＣＯに協力したのである。ＰＯＳＣＯに限らず、サムスンなどの韓国の大企業は、バブル崩壊後に日本でリストラされた技術者を大量に採用し、技術力を飛躍的にアップさせているのだ。


また2018年に起きた徴用工判決において、韓国で資産を差し押さえられた日本企業の中に、日本製鉄という会社があるが、これはＰＯＳＣＯに技術支援した新日鐵の現在の社名なのである。

韓国の産業を格安のライセンス料で技術支援

また1960年代の日韓の経済関係において、無視できないのが「技術支援」である。

日本は、経済援助のほかにも国家政策として韓国に対して「技術支援」を行った。

また経済界も、日本政府や韓国側の要望に応え、損得抜きで手厚い技術支援を行った。このときの技術支援が、間違いなく今の韓国の産業の基盤になっているのだ。

日本企業が、国交回復から1970年までの間に、韓国企業に行った技術支援は、165件に及ぶ。

1959年から1970年の間に、アメリカ企業が韓国企業に行った技術支援はわずかに58件、西ドイツ企業が韓国企業に行った技術支援はわずかに7件である。

それに比べると、日本企業の技術支援の多さは際立っている。日本は、アメリカの3倍近くの技術支援を国交回復からわずか5年の間に行っているのだ。

もちろん、この技術支援は無料ではない。売上高の数%というようなライセンス契約を結ぶものである。

が、この時期、日本企業が利得だけで技術支援を行ったわけではない。

なにしろ当時の韓国は世界最貧国だったのである。技術支援を行ったところで、採算に合うほどの見返りは期待できない。だからこそアメリカも西ドイツも技術支援に積極的ではなかったわけだ。

国交回復以来、韓国人の経営者たちは日本に大挙して押し寄せ、旧知の人物のコネを使

国交回復から1970年までに日本企業が韓国に行った主な技術支援

技術支援内容	支援した日本企業	支援締結年月
タイヤ	横浜ゴム	66年7月
テレビ、ラジオ	日立製作所	66年12月
ディーゼルエンジン	久保田鉄工所	66年7月
オートバイ	本田技研	66年11月
防蝕塗料	日本ペイント	67年4月
蛍光灯、蛍光物質	三菱電機	67年5月
放電灯、蛍光灯	東京芝浦電気	67年5月
接着剤	サンスター化学工業	67年12月
船舶用エンジン	三菱重工	67年9月
ピアノ、オルガン	日本楽器	67年12月
通信機器	富士通	67年7月
ケーブル	古河電気	67年9月
ブドウ酒、ブドウ処理加工	サントリー	68年8月
ポリエステル	帝人	68年12月
ゴム靴	月星ゴム	68年3月
トラクター	久保田鉄工	68年4月
耕運機	井関農機	68年11月
船外機	ヤマハ発動機	68年11月
溶接技術	神戸鉄鋼所	68年11月
各種電気制御器	安川電機	68年8月
缶	東洋製缶	69年3月
ブレーキ	曙ブレーキ	69年5月
フォークリフト	小松製作所	69年10月
グルタミン酸	味の素	69年8月
腕時計	シチズン	69年4月
医薬品	第一製薬	70年7月
配合飼料	日本配合飼料	70年9月
卓上計算機	シャープ	70年12月

「韓国における技術導入状況」韓国産業経済研究所より抜粋

ったり、政府機関の紹介などで、日本企業の経営者たちに「韓国の復興を助けてほしい」と頼み込んだ。

そして、日本企業は韓国人たちのこの願いにこたえて、採算度外視で技術支援を行ったのである。

またライセンス料もアメリカや西ドイツの企業がだいたい3～5％だったのに対し、ほとんどの日本企業は1～3％程度だった。

日本企業が、国交回復から1970年までに、韓国企業と締結した技術支援の主なものは前ページの表の通りである。

これを見ると、食料品、衣料品、医薬品、車、靴、楽器、船、農機具、肥料、生活用品等々、あらゆる産業において、日本の一流企業が支援に乗り出していることがわかる。しかも、これは一部を抜粋したものである。

現在の韓国の主要産業は、このときの日本企業の技術支援なくしては存在できなかったのである。

サムスンは日本の支援で発展した

韓国の現在の主要企業で、日本から技術支援や資金提供（借款含む）を受けたことがない企業はほぼ皆無である。

中でも、韓国最大の企業サムスンは、日本からの技術支援、資金提供によって急成長した。サムスンは、日本の韓国支援を象徴する企業グループだといえるのだ。

サムスンは、言わずと知れた韓国最大の企業グループである。日本でもスマホの「ギャラクシー」という機種でおなじみである。

企業グループ全体の売上は30兆円を超え、2017年12月期にはグループ利益が5兆円を超えた。日本最大の企業トヨタをはるかにしのぐ規模である。

韓国のGDPの18％を占め、輸出においては20％以上を占めている。

輸出への依存度が高い韓国において、サムスンは生命線ともいえる企業である。

このサムスン・グループは実は日本経済と非常に結びつきが深いのだ。

サムスン・グループの創始者である李秉喆《イビョンチョル》は、戦前に日本留学の経験もある親日家である。そして国交回復前から頻繁に日本を訪れ、日本とのビジネスを行ってきた。

朝鮮戦争の真っただ中の1950年2月に、李秉喆は他の11人の韓国財界人とともに日本を訪問している。そして3か月にわたって日本の経済界を視察している。

1953年には、日本の三井物産に、韓国での「ペニシリン」「砂糖」「紙」の製造工場建設計画の策定を依頼した。そして三井物産が作成した三つの製造計画を受け取った李秉喆は、まず砂糖の製造に着手した。三つの中では、砂糖がもっとも実現しやすく、需要も多いと見込まれたからだ。

そして三井物産からプラントを購入し、第一製糖という製糖会社を設立した。

当時の韓国政府は大型機械や工場プラントを輸入する際にはアメリカ製を推奨していたが、李秉喆は日本にこだわった。日本製は性能が劣らない上に安かったし、地理的にも近いので輸入するのにも都合がよかったからだ。

しかし韓国政府は、それを良しとしなかった。プラントの輸入は認めたが、三井物産の技術者の入国は認めなかった。そのために、サムスン側は自力でこのプラントを建設したという。

製糖を開始してからも、たびたび日本の技術支援を仰いだ。当時の韓国では、砂糖を入れる布袋が生産されておらず、第一製糖が自前でつくらなければならなかったが、この技術も日本から導入された。

この**製糖事業は大成功**を収めた。

朝鮮戦争で国内生産が落ちていた韓国では、食料や衣服など生活必需品の需要が極度に高まっていたのだ。そういうときに砂糖の大量生産を開始したのだから、当たらないはずがない。

工場が生産を開始して半年後の1954年4月には、すでに工場の拡張が必要になるほどだった。第一製糖の砂糖の国内シェアはすぐに50%を超えた。

砂糖製造を始めて2年後の1956年ごろから、サムスングループは「財閥」と言われるようになったという。

国交回復とともに日本から巨額の投資を受け入れる

李秉喆は、1960年から死去する直前まで、毎年の年末年始は東京で過ごした。

1960年というのは、まだ日本と韓国が国交を回復する前である。韓国を代表する財界人が、国交のない国に年末年始に毎年訪れるというのは、勇気のいることでもあった。それほど親日だったのである。

が、彼は単に休暇で東京を訪れていたわけではない。事業のヒントを得るために来ていたのだ。

李秉喆は、1960年に東京に行った際に、**「東京計画」**なるものをつくった。これは、東京のメディアから情報を収集したり、日本の企業家、経済学者、経済紙記者などを食事に招待して、彼らからいろんなことを学ぼうというものである。

サムスングループが電機事業に乗り出したのも、この東京での情報収集によるものである。李秉喆は、1968年の朝日新聞のインタビューで「電機産業への投資を決心したのは、三洋電機の井植歳男会長のアドバイスが大きかった」と述べている。

1965年には、彼にとって念願だった日本と韓国の国交回復が実現した。すぐに、サムスングループは大手を振って日本との連携を開始した。

1960年代から1970年代にかけて、サムスングループは多くの外国企業との合弁

60年代から70年代にかけてサムスンの設立した外国企業との合弁会社

企業名	合弁年	合弁相手先
サムスン三洋電機	1969年	三洋電機（日本）40%、住友商事（日本）10%
サムスンNEC	1970年	NEC（日本）40%
韓国電算	1971年	協栄生命（日本）33.3%
第一合繊	1972年	東レ（日本）14.3%、三井物産（日本）14.3%
サムスン三洋パーツ	1973年	三洋電機（日本）75%
サムスンコーニング	1973年	コーニング（アメリカ）50%
新羅ホテル	1973年	ホテルオークラ等（日本）50%
サムスン重工業	1974年	石川島播磨重工業（日本）25%
サムスン石油化学	1974年	アモコ（アメリカ）35%、三井物産（日本）15%
サムスンGTE通信	1977年	GTE（アメリカ）49%

会社を設立した。上の表のように、その合弁会社の大半は日本企業なのである。

そして、この合弁企業が現在のサムスン・グループの中核事業の基礎をつくったのである。特に「サムスン三洋電機」や「サムスンNEC」は、日本の製品の組み立て事業からスタートし、その後も、日本企業との技術提携を続け、現在の「サムスン電子」をつくっていったのだ。

韓国の復興を助けた在日韓国人マネー

日本は、国交回復前から韓国に対し投資の面で配慮をしていた。

具体的には、在日韓国人の韓国への送金に便宜を図っていたのだ。日本が高度成長していたころ、日本に住んでいた在日韓国人の生活も豊かになっていた。そして経済的に成功する者もあらわれていた。

彼らとしては、世界最貧国として貧困にあえいでいた韓国に送金したいと思っていた。また韓国側も在日韓国人からの送金や投資を求めていた。そのため、日本はまだ国交回復前であるにもかかわらず、在日韓国人の母国への送金には特別の配慮をしたのである。

1963年1月から1964年8月までの間に、在日韓国人が韓国に送金したり投資した金額は、2569万ドルに及んだ。

これは公式な送金データ記録であり、旅行者が秘密裏に持ち込んだものも含めれば、3000万ドルを超えると見込まれる。

1962年の韓国の外貨準備高はわずか2000万ドルだったので、この在日韓国人の送金がどれだけ韓国経済にとって助けになったか計り知れない。

当時、日本では、個人の外国への送金は年間500ドルを上限にしていた。しかし、在日韓国人に限っては年間3000ドル、永住帰国者は1万ドルまで許されていたのだ。

また1965年から1978年までの在日韓国人による韓国への投資は10億ドルを超えている。この期間の外国人による韓国への投資は、9億3700万ドルだったので、それを凌《しの》いでいることになる。

在日韓国人は、韓国にとって外国からの最大の投資家だったのである。

前述したように日韓国交正常化による日本からの経済支援（賠償請求含む）は、1965年から1975年までの間に5億ドルだった。在日韓国人の韓国への投資はその倍額もあったのである。

この在日韓国人からの支援は、そもそも日本で稼ぎだされた金であり、また日本が便宜を図ったために日本から韓国にこれほど巨額の投資ができたわけである。

当時は日本も、まだ外貨準備高が潤沢ではない時代だった。だから円や外貨を国外に持ち出されることは、日本経済にとっては負担になっていたはずである。にもかかわらず、

10億ドルもの巨額の送金を許していたのだ。

１９６７年に、韓国は、ソウルの九老《クロ》に「輸出専用工業団地」をつくった。外貨を獲得するために輸出を専門とする工場地域をここにつくろうということである。この九老輸出産業工業団地は、在日韓国人の企業をあてにしてつくられたものでもあった。

ここに最初に入った企業は31社だったが、そのうち18社が在日韓国人の企業だった（ほかに国内企業が11社、外国企業が2社）。在日韓国人企業の技術力や資金力をあてにして、輸出振興をしようとしたわけである。

この九老工業団地は韓国の輸出増進の立役者となった。

また１９８２年には、在日韓国人の投資によって韓国で「新韓銀行」がつくられた。韓国では金融機関が未成熟であり、産業への資金供給を潤滑に行おうということで、在日韓国人たちが金を出し合ってつくったのだ。この「新韓銀行」はその後、大きく成長し、資本的には在日韓国人たちの手を離れてはいるが、現在、韓国で第2位の銀行となっている。

第2章

韓国の債務危機、通貨危機も日本が助ける

朴大統領と瀬島龍三

朴大統領が、就任直後に手際よく日本と国交を回復し、日本から巨額の経済支援を引き出したのは、朴大統領の「日本陸軍コネクション」によるものが大きい。

前述したように、朴大統領は日本の陸軍士官学校を出て、満州国陸軍の士官になっている。このとき、日本人の軍幹部と強力なパイプを築いていたようなのである。

その代表格が、瀬島龍三である。

瀬島龍三というのは、終戦時の日本陸軍の参謀本部にいた人物であり、終戦前後の日本陸軍のキーマン的な存在だったとされている。後年はバラエティー番組などにも出演していたので、ご記憶の方も多いはずだ。

ここで瀬島の経歴をざっくり説明しておきたい。

瀬島は1911年に富山県の農家の三男として生まれ、陸軍幼年学校、陸軍士官学校と軍のエリートコースを進み、陸軍大学校は首席で卒業している。

陸軍大学校を首席で卒業するというのは、日本陸軍の中でもエリート中のエリートであり、将来、陸軍の中枢を担うことが約束されている。

第二次大戦では、大本営の参謀として、数々の主要な作戦立案に携わる。戦後は11年間シベリアに抑留された。帰国後、伊藤忠商事に入り、東南アジアの開発援助プログラムなどに携わった。最終的には伊藤忠の会長にまで上り詰めた。中曽根康弘元首相のブレーンでもあった。

瀬島龍三の分析力の高さを示すエピソードとしてよく取り沙汰されるのが、第三次中東戦争の予想である。

1967年、イスラエルとアラブ連合（エジプト、シリア、ヨルダン）間で戦争が勃発した。この戦争は、世界中のマスコミは、アラブ連合が有利と判断し、また戦争は長期化すると分析していた。

しかし瀬島は、「1週間でイスラエルが勝つ」と、世間とはまったく逆の分析をし

瀬島龍三（1911～2007）
陸軍軍人、実業家。南方作戦におけるマレー作戦、フィリピン作戦やガダルカナル撤収作戦、ニューギニア作戦、インパール作戦、台湾沖航空戦、対ソ防衛戦など陸軍の主要な軍事作戦を作戦参謀として指導した。戦後は伊藤忠商事会長。

たのである。結果は、瀬島の分析した通りになった。

このことから、瀬島は、独自の情報機関を持っているのではないかとまで言われ、「瀬島機関」という極秘の情報機関があるという都市伝説まで生まれた。

後年、瀬島がこのことを尋ねられると、「各国の軍の規模や配置を見れば、それくらいの予想はつく」とこともなげに答えたという。

瀬島が鬼籍に入っている現在、どこまでが真実か知る由もないが、とにかく相当な切れ者だったことは間違いない。

瀬島を受け入れた伊藤忠商事もそのことは重々承知していたようで、普通の商社マンとして瀬島を採用したわけではなかった。入社後、わずか4年で役員になっており、当初から、瀬島の情報分析力やコネクションをあてにし、会社の中枢を担ってもらうつもりだったようだ。

瀬島がシベリア帰還後すぐに伊藤忠に勤務したことは、韓国にとっても非常に幸運なこととなった。朴大統領が日本に経済支援を頼む上で、これ以上ないくらいの便利な**「窓口」**となったからだ。

朴大統領と瀬島は、陸軍士官学校の先輩後輩にあたる。朴大統領は57期であり、瀬島は44期なので、瀬島のほうが一回り以上先輩ということになる。

また満州で、瀬島と朴大統領は、上官と部下の立場でもあったようだ。瀬島は、陸軍大学校を卒業してすぐに満州方面軍に派遣された。その当時、朴大統領は、満州国陸軍の士官をしており、満州国陸軍は日本陸軍の指揮下にあったので、ある程度の接点はあったと見られる。

瀬島と朴大統領が、いつごろどの程度の深度で知り合ったのか、詳しいことは両名とも明らかにしていない。そこには政治的な配慮があったものと思われる。

が、2人が非常に親しい間柄であったことは、その後の関係を見れば明らかである。

瀬島と朴大統領の間には、こういうエピソードがある。1975年、瀬島が知人を通じて朴大統領に「必ず再婚するように」とメッセージを伝えた。朴大統領はその前年に妻を亡くしており、「大統領のような激務をこなすには伴侶が必要だよ」という意図だった。

それに対して、朴大統領は「娘のために再婚はしない」と答えたという。その娘というのが、後に大統領となる朴槿恵《パククネ》である。

なにはともあれ、朴大統領にとって瀬島は、非常に頼りになる**「先輩」**だった。

瀬島は、伊藤忠という日本経済の中心にいる企業におり、韓国への経済支援を指揮するには打ってつけの存在だったからだ。

また瀬島はこの後、日韓の経済協力において、もっとも重要なキーマンとなる。

ベトナム戦争特需は実はそれほど役に立っていない

1960年代の韓国の奇跡的な経済発展に関して、日本の経済支援とともに語られるのが**「ベトナム戦争特需」**である。

アメリカが南北ベトナムの内戦に介入した「ベトナム戦争」に、実は韓国も参戦している。しかも、韓国はアメリカに次いで二番目に多い派兵をしているのだ。1965年から75年までに延べ31万人の将兵をベトナムに派遣している。

このベトナム派兵は、表向きは南ベトナム政府からの要請ということになっているが、実際はアメリカからの要請である。

60年代に入って、アメリカが韓国への経済支援を無償支援から有償支援に切り替えたことは前述した。しかし経済的に苦しくなった韓国は、それに納得せず、アメリカに食い下がった。

そこでアメリカは、

・ベトナムに派兵すれば、その分の軍費を出す

・韓国軍がベトナムに駐留するときの必要物資なども、アメリカが韓国から購入し負担する

・アメリカがベトナムに送る支援物資等も、できるだけ韓国から購入する

という条件をつけたのだ。

韓国は、この条件を飲んだ。

このベトナム派兵により、韓国はアメリカから直接的に約10億ドルの経済的恩恵をうけた。間接的なものも含めると20億ドル程度になると見られている。

確かに、この20億ドルは、韓国経済を潤すことにはなっただろう。

が、韓国はそれまでもアメリカからその程度の経済支援は受けていたのだ。韓国が60年代初頭までにアメリカから受けた支援は30億ドル以上になり、各年に平均するとベトナム特需とほぼ同じ程度である。

つまりは、今までは無償でもらっていた支援を、兵を出すことでもらうことになったというだけなのだ。受けてきた経済支援の規模はほとんど変わらない。

そして、韓国がアメリカから経済支援を受けていたとき、韓国経済はあまり発展しなかったことは前述した。アメリカは、韓国の生産力を上げるための支援はほとんどしなかったからだ。

ベトナム特需でも、同様のことがいえる。

アメリカは、このとき特に韓国の生産力が大きく飛躍するような支援は行っていない。だから、韓国経済を一時的に潤しはしたが、根本的に発展させる要因にはなっていないのである。

全斗煥大統領と瀬島龍三

1970年代後半に、韓国ではまた大きな政変が生じた。

1961年の軍事クーデター以降、朴正煕大統領が20年近くに渡って独裁を続けていたが、1979年に暗殺されてしまう。首相を務めていた崔圭夏《チェギュハ》がいったん、大統領職となるが、翌1980年には軍人の全斗煥《チョンドゥファン》が、クーデターにより政権を掌握した。全斗煥大統領は、朴正熙大統領の寵臣グループの1人であり、朴大統領の系統を受け継いだ人物だった。

政権掌握の際には、自分の仲間だった朴大統領の側近らも追放した。そのため、日本政府はせっかく築いてきた韓国政界とのコネクションが途切れた形になった。

ここで登場するのが、またもや瀬島龍三である。

朴大統領と懇意だった瀬島龍三は、朴大統領の部下たちとも懇意になっていた。全斗煥とも親しかった。

また全斗煥は、朴大統領の軍隊時代の部下でもある。そして前述したように瀬島龍三は、朴大統領の軍隊時代の上官でもあり、日本陸軍士官学校での先輩でもあった。軍人同士の関係というのは結びつきが強いことが多い。

瀬島龍三と全斗煥は軍人としての先輩後輩の関係でもあり、全斗煥は瀬島のことを「先輩」として敬愛していたという。

瀬島が全斗煥と懇意にしていることを知った日本政府は、韓国政府へのメッセンジャーとして瀬島を利用する。韓国の新しい軍事政権とも協力関係を築きたいということだった。瀬島は、その役割を引き受けて、日本政府と全斗煥大統領との仲介をした。

全斗煥大統領もしたたかな政治家であり、このとき日本政府に対して100億ドルの借款を要請した。

全斗煥が軍事クーデターを起こした1980年は、前年の第二次石油ショックの影響もあり、韓国は戦後初めてマイナス成長となっていた。そのため景気浮揚のために資金が必要だったのだ。

また当時の韓国は深刻な累積債務問題を抱えていた。

詳細は後述するが、1960年代から70年代にかけて韓国、フィリピン、ブラジル、メキシコなどの新興国は、先進国から莫大な投資受け入れを行っていた。当然、大きな債務を背負うことになる。

そして1980年代になると、アメリカを中心として世界的に金利が急上昇した。この金利上昇のために、累積した債務が払えなくなり、デフォルトを起こす新興国が続出したのだ。当時、韓国は世界で3、4番目に債務状況が悪い国だった。

その問題を解決するためにも、韓国としては日本からさらなる援助を引き出さなければならなかったのだ。

しかし、１００億ドルというのは日韓国交回復時の借款の20倍という莫大な金額である。日本政府もこれには難色を示し、瀬島を通じて金額交渉を行い、最終的には40億ドルで話がついた。

40億ドルといっても相当なものである。そして、今回も日本側の技術支援がセットでの借款である。

70年代の後半に失速しかけた韓国経済はこの日本の支援が始まると、また急速に成長しはじめたのである。

80年代の「累積債務問題」も日本が救った

あまり顧みられることはないが、韓国には80年代にも深刻な経済危機が訪れている。いわゆる「新興国の累積債務問題」というものである。

60年代から70年代にかけて、ＮＩＣｓ（newly industrializing countries）という言葉が経済

ニュースでよく使われるようになっていた。ＮＩＣｓとは新興工業国のことであり、南米のブラジル、メキシコ、アジアの台湾、韓国、フィリピンなどのことを指していた。

これらの国には、60年代から70年代にかけて欧米諸国から巨額の投資がなされていた。が、その巨額の外国債務が、80年代に入って大きな足かせとなる国がでてきた。中には、経済破綻にまで至る国も生じたのである。

80年代の初頭、世界は第二次石油ショックのため、急激なインフレに見舞われた。その結果、アメリカの金利が20％にまで跳ね上がり、世界的に高金利の状態になったのだ。

ＮＩＣｓのうち外国から巨額の借金をしていた国は、この高金利に苦しめられ窮地に陥ることになる。借金を返すために借金をすることになり、借金が増えるたびに金利も上がる。その悪循環に陥り、ついにデフォルトを起こす国も生じた。

これが、80年代の世界経済を揺るがせた「新興国の累積債務問題」である。

80年代の初め、世界でＧＤＰに対する累積債務が大きかった国を順に並べると、ブラジル、メキシコ、アルゼンチンそして韓国である。この当時、韓国は世界で4番目の借金大国だったのである。

韓国の対外債務がピークだったのは、１９８２年のことである。

この年の韓国の対外債務は、ＧＤＰ比で47・８％もあった。同じ年、メキシコが34・７％、ブラジルが46・８％、アルゼンチンが15・５％だった。つまり、１９８２年の時点では、韓国は**世界一の債務国**だったのである。

しかも、当時の韓国の外国債務のうち、26％から27％が1年未満の短期債務だった。短期債務の場合、相手国から融資の継続を止められたり、金利を上げられたりする可能性が高い。そうなると、首が回らなくなってしまう。


メキシコが債務不履行を宣言したのが１９８２年である。それ以降、次々とＮＩＣｓの国々は債務不履行に陥っていった。ブラジル、メキシコ、アルゼンチン、韓国よりも外債比率が低かったフィリピンなども債務不履行に陥った。

債務不履行に陥った国々は、通貨価値が急落しハイパーインフレ状態になるなど、深刻な経済危機に陥った。

せっかく発展しかけていた経済は、停滞を余儀なくされた。経済を立て直すには10年以上を要した。ブラジルなど経済立て直しのために20年近くを要した国もある。

しかし韓国だけは債務不履行に陥ることもなく、経済が停滞することもなかった。NICsの中でも、かなり危険な債務状態だったにもかかわらず、である。

それどころか、韓国は80年代中盤から経済発展のペースがさらに上がり、1986年には貿易収支を初めて黒字にした。その後、貿易黒字は常態化し、NICsの中では一歩抜きんでた存在となった。

韓国と、中南米やフィリピンとはどこが違っていたのか？

韓国は、なぜ巨額の借金を抱えていながら、80年代の世界的高金利を無傷で乗り切ることができたのか？

その答えは、**日本**である。

当時の韓国の借金の半分以上が日本からのものだったからである。

70年代から80年代にかけて、韓国にもっとも投資をしていた国は日本である。80年代、韓国の外国投資受け入れに占める日本のシェアは50％を超えていた。

つまり韓国の莫大な借金の大半は、貸主が日本政府、日本の銀行、企業だったのである。

日本の銀行や企業は、韓国に対して、世界の金利が上がったからといって、簡単に金利を上げたり、韓国からの投資を引き上げたりしなかった。そのため80年代の韓国は、世界的に高金利であるにもかかわらず、利払いで苦しむようなことはなかった。

しかも日本政府は1983年には、韓国に対して総額40億ドルにおよぶ借款（融資）を行っている。この借款のうち3・5億ドルは、バンクローンとして韓国が自由に使える設定となっていた。韓国は**「ヤバい借金」**を日本からのバンクローンに借り換えることができたのである。

韓国の政府や経済人たちは、この80年代の累積債務問題を無傷で乗り切れたことを、「自分たちの外国債務管理が行き届いていた」と自画自賛し、日本のおかげということは無視し続けてきた。

しかし日本側の配慮が、韓国が無傷で乗り切れた最大の要因であることは間違いない。

その証左に、日本の韓国への投資シェアがかなり落ちていた90年代後半には、アジア通貨危機が生じ、韓国はこれには無傷どころか深刻な打撃を受けることになるからだ。

日本の中小企業の技術さえ欲しがる韓国

何度か触れたように韓国は、日本と国交を回復した1960年代以降、目覚ましく発展した。

1960年には世界最貧国に数えられていた韓国は、1980年代には世界でも有数の工業国になったのである。

そして韓国経済にとって積年の懸案となっていた貿易赤字も改善され、1986年には経常収支の黒字を記録した。

が、韓国の貿易には、まだ大きな不安材料があった。**対日貿易の赤字**である。

韓国経済は、日本の支援で大発展したが、その代償として日本から製品部品や材料などの輸入が激増した。韓国の企業は、日本企業から工場のプラントを購入し、日本の技術支援のもとで工業製品をつくっていた。当然、最初は「組み立て工場」的なところからのスタートだった。

工業製品を一から十までつくる技術を習得するには時間がかかる。だから、韓国では日本から部品一式を購入し、韓国で組み立てて製品化し、それを輸出するというビジネスモデルになっていた。

そのため韓国経済は、輸出が増えれば増えるほど、日本からの輸入が増えるという事態に陥っていたのだ。

これについて韓国は、さらなる日本への支援を求めた。部品や工業材料の製造分野においても技術指導をしてほしいと要請してきたのである。日本側としては、「韓国の工業化をここまで手伝ってやったのだから、後は自分でやれよ」というところである。

そもそも、他国の工業化をここまで手伝ってくれる国など他にはない。しかも、韓国の工業はほとんどが日本の技術を移設したものだから、日本の工業製品と韓国の工業製品はモロにかぶる。当時の韓国は日本より人件費がはるかに安く、コストの面では日本よりも分がある。

日本の輸出シェアを韓国が奪うようなことも見られ始めていた。

ここでさらに部品や工業材料の技術支援までしていたら、日本経済にダメージが出てしまう。

また部品や工業材料というのは、日本では主に中小企業が担っていた。日本の中小企業は、世界トップレベルの技術を持っている企業が多く、それが日本経済の強みにもなっていた。

一方、韓国経済は少数の財閥に支配されており、国は財閥を助けるような経済政策をとってきたので中小企業がまったく育っていなかった。そのため、韓国の中小企業の育成をかねて部品、工業材料の技術支援を日本に仰いできたのだ。

日本の政財界は韓国に対して**よほどお人よし**なのか、この要請を受けることになった。外務省、通産省、経団連などが、中小企業の技術指導のために、韓国からの研修生の受け入れ事業を始めたのだ。これは、日韓経済協会が窓口となり1984年から1990年まで1200人の研修生を受け入れるという計画だった（計画の遅延のため1991年まで延長された）。

ただ日本の中小企業の高い技術を、一朝一夕で習得できるはずはなく、この研修の効果は限定的だったと見られている。

80年代にも韓国に製鉄所をつくってやるというお人よしさ

さらに日本は、80年代に入っても韓国に製鉄所建設の支援をしている。

浦項総合製鉄所が、日韓国交回復時の経済支援の目玉だったことは前述した。この浦項総合製鉄所は1983年に無事に完成し、韓国の製鉄業を一気に世界レベルに引き上げた。

浦項総合製鉄所を運営するポスコ（POSCO）は、さらに韓国南部の光陽市に第二製鉄所をつくる計画を立てた。そしてPOSCOは、今回もプラントの設置と技術協力を日本の鉄鋼メーカーに要請した。

が、要請を受けた新日鉄は当初、「韓国の鉄鋼メーカーはすでに世界レベルに達している」として技術支援を拒否していた。

80年代初頭、製鉄業界は世界的に供給がだぶついており、韓国のポスコは日本の有力な競争相手の一つとなっていた。これ以上、敵に協力するなどということは、日本の製鉄メーカーとしては考えられないことだった。これは企業戦略の上でも、国家戦略の上でも、ごくごく**当然の方針**だといえる。

厳しい国際ビジネスの世界で、一度、世界レベルの技術を提供しただけでも大変なことである。後は、韓国企業が自分の努力で行うのは、当たり前の話である。

が、韓国側は政府を通じて執拗に、技術支援を要請した。それを日本政府は断れなかった。

日本の製鉄メーカーは、日本政府からの強い要請を受け、最終的にはこの第二製鉄所の技術支援を行った。

ポスコ（POSCO）の第二製鉄所（光陽製鉄所）は、三菱重工がプラントを納入し、新日鐵が技術支援を行ったのだ。

日本がこれほど韓国に譲歩したのは、日本政治のお人よしさもあるが、**韓国の政治の不安定さ**も大きく影響している。

前述したように韓国は、1961年、1980年と二度も軍事クーデターが起きている。北朝鮮という共産主義の脅威もあり、日本としては韓国に早く安定した政権ができて欲しかった。そのため、韓国側から「国内情勢を安定させたいので経済協力してくれ」と言われれば、なかなか断れなかったのである。韓国は、そこをうまく衝いたのだ。

その後、ポスコは世界の製鉄市場のシェアを日本から奪っていくことになる。

経済支援が終わった途端に強烈な反日政権が誕生

１９９０年に、足掛け25年にもおよぶ、日本から韓国への経済支援がようやく終わった。決して日韓関係に亀裂が入って終わったわけではない。60年代以降、韓国経済は急成長を遂げ、今や世界の富裕国の一つとなった、もう支援は必要ないだろう、となったのだ。

日本としても、経済的なライバルになりつつあった韓国に、これ以上の支援をするのはもう勘弁してほしいという感じだった。

民間レベルでの技術支援、研修事業などは行われていたが、国家レベルでの経済支援はこれで終了した。

韓国は、この長い経済支援に感謝していたのだろうか？

おそらく**まったく感謝などしていない**。

というのも、経済支援が終わった途端に、強力な反日政策政権が誕生したからである。

経済支援終了後の初めての大統領選挙は、１９９２年に行われた。この選挙で大統領に就任した金泳三《キムヨンサム》氏は、就任当初から全開で反日的な政策をとった。

この時期の韓国は、ソウル・オリンピックも成功させており「もう日本なしでやっていける」と思っていたのである。だから、大統領は自分の支持率稼ぎのために日本の悪口を言うようになったのだ。

韓国人は、幼少期から反日教育を受けているので、日本を叩けば国民はうれしがる。しかし実際は国際社会の中では、特定の国をバッシングすることは得策ではない。特に韓国にとって日本は、1960年代からずっと欠くべからざる経済支援国だったのである。そのため、1960年代以降の韓国大統領は、あからさまに反日的な言動をとることはなかった。

が、金泳三大統領は**「もう遠慮はいらない」**とばかりに、日本国民の感情など慮《おもんぱか》ることなく、反日的な政策、言動を続けたのである。

経済支援が終わった途端に悪口を言いだすという、これ以上ないというくらい「わかりやすい」大統領だったのである。

中国に寄っていく韓国

また金泳三大統領の反日政策には、もう一つ目算があった。

それは中国である。

中国は80年代の改革開放政策以来、目覚ましい経済発展をしており、90年代に入ると世界経済の中でも存在感を示し始めていた。

そして1992年、韓国は中華人民共和国と国交を樹立した。

日本人はあまり顧みることはないが、韓国と中国は戦後、長い間国交を樹立していなかったのだ。韓国は歴史的に中国の属国でいる期間が長いのだが、戦後は国交が完全に途絶えていたのである。

なぜなら朝鮮戦争で、両者は戦争をした間柄だからである。

朝鮮戦争では中国は北朝鮮に義勇軍を派遣した。そもそも、北朝鮮が韓国に攻め込んできたのは中国の支援があったからである（朝鮮戦争は北朝鮮が韓国に攻め込んだことで始まった）。

そして、朝鮮戦争はまだ形式的には講和が結ばれておらず、「休戦状態」なので、中国と韓国も形の上では戦争が続いていたのだ。

というより、中国と韓国では、戦後ずっとお互いの存在さえ認めない関係だったのだ。1949年に中華人民共和国が誕生したとき、西側諸国は台湾を唯一の中国政府と認め、中華人民共和国政府の存在は認めなかった。だから西側の一員である韓国も、中国の存在を認めていないのだ。

また中国側は、朝鮮半島では北朝鮮だけが朝鮮を代表する唯一の政府として認め、韓国政府の存在は認めていなかった。

1970年代になって、西側諸国が相次いで中華人民共和国と国交を樹立していった後も、韓国だけは国交を樹立しなかった。「中国と北朝鮮との結びつき」「朝鮮戦争のしこり」が災いし、国交樹立には至らなかったのだ。戦後の韓国では、日本よりも中国を敵視する傾向が強かったのである。

が、1988年のソウル・オリンピックに中国が参加したり、東西冷戦が終結するなど、雪解けムードが広がり、1992年に韓国の盧泰愚《ノテウ》大統領が訪中し、ようやく中国と韓国の国交が樹立されたのだ。

韓国と中国は国交を樹立した途端、輸出入が激増した。

1990年代の後半には、韓国の中国への輸出量は日本への輸出量とほぼ肩を並べるほどになった。この先、韓国の貿易相手として中国がもっとも大きな存在になることは、目に見えていた。

だから、韓国は露骨に親中的な姿勢を見せるようになったのだ。

そして、それに反比例するように、反日的な政策をとるようになったのだ。

当時の中国は、強烈な反日教育を行っている最中だった。時の国家主席である江沢民《こうたくみん》は、天安門事件での国民の不満をそらすため徹底的な反日教育を行った。

韓国の金泳三大統領はそれに追随するように、強烈な反日政策、反日教育に舵を切ったのだ。

「これからは中国の時代だ。もう日本の助けはいらない。中国についていけば大丈夫」

韓国にはそういう目算があったはずだ。

しかし、90年代後半になって、韓国は日本の助けを必要とする大きな危機が起きる。

「アジア通貨危機」である。

アジア通貨危機とは？

日本と韓国の経済関係を語る上で欠かせないのが、１９９０年代後半のアジア通貨危機である。

１９９７年7月、タイ・バーツが大暴落をした。これにより、東南アジア各国の通貨が軒並み暴落した。これにより、東南アジア各国は多大な打撃を受けた。

いわゆるアジア通貨危機である。

これまで東南アジアのほとんどの国の通貨は、一定のレートでドルと交換できるドルペッグ制をしいていた。東南アジアの経済は、ドルペッグ制のもとで順調に成長していた。

しかし、アメリカ政府がドル高政策をとると、それに連動して東南アジア各国の通貨も上がった。これにより東南アジアの輸出は伸び悩んだ。

通貨の実力は下がっているのに、レートだけは今まで通りという矛盾を孕《はら》むことになった。

そこにつけこんだのが、ヘッジファンドである。

ヘッジファンドとは、機関投資家や富裕層から高額の資金を集め、それを名うてのファンドマネージャーが運用するものである。出資者が公表されないことが多く、収益至上主義的である。

ヘッジファンドは1997年の時点で4000億ドルの資金力があるといわれた。これは日本の国家財政に匹敵するほどの規模だった。ヘッジファンドに狙われれば、小国の経済などはひとたまりもない。

ヘッジファンドは、タイのバーツを大量に空売りした。空売りというのは、今タイのバーツを持っていないのだけど借りてそれを売る。そして、後で買い戻して返すというものだ。つまり、タイ・バーツが今よりも値が下がれば、買い戻したときの差額分だけ儲かるという仕組みである。

タイの中央銀行は、ヘッジファンドのバーツ売り浴びせに対して、必死に買い支えようとしたが、ついに外貨準備が底をついて、固定相場制から変動相場制に移行した。

バーツは暴落し、それまで1ドル＝24・5バーツだったのが、1998年1月には、1ドル＝56バーツになった。

それにともないタイ企業の株も大暴落し、倒産や失業が相次ぎ、タイ経済は一時壊滅的な打撃をこうむった。このバーツ暴落の波は、インドネシアにも波及し、そして韓国にも波及してきた。

韓国にも押し寄せたヘッジファンドの攻撃

当時の韓国は、ドルペッグ制は採用しておらず、変動相場制となっていた。変動相場制というのは、為替レートを固定させずに、その時々で為替の取引レートが変動する制度である。その時点での通貨の価値がそのまま反映される。

だからタイ・バーツのように、通貨の「実際の価値と名目の価値の差額をヘッジファンドに狙われる」という心配はなかった。

しかし、当時の韓国は通貨危機に陥る要素を持っていた。

1997年のアジア通貨危機というのは、東南アジア各国のドルペッグ制が背景にあったが、もう一つ大きな背景があった。それは、アジア各国の急速な発展とそれにともなう資本流入だった。

１９８０年代以降の東南アジア各国は急速に経済発展が進み、欧米や日本からたくさんの投資を集めていた。欧米、日本の企業が進出したり、欧米、日本の金融機関から金を借りることで、ダイナミックな経済発展をしていたのだ。

が、１９９０年代の後半では、その資本の流入が過剰気味になっていた。つまり、バブル気味になっていたのだ。そこをヘッジファンドに狙われたのである。

そして90年代後半の韓国も、バブル気味になっていた。

当時の韓国は、外国から巨額な投資マネーが入ってくることで、産業が活気づいていた。各企業は外国の金融機関からの借り入れを増やしては、事業を拡大させていた。韓国の4大財閥グループの平均負債率は３５２％にも上っていた。

そういうときに、タイで通貨危機が起きたのである。

タイに投資していた外国企業や、タイに融資していた外国金融機関は、タイから資金を引き上げるとともに、他の東南アジア各国にも注意を向けるようになった。タイだけじゃなく、インドネシア、シンガポールなども危ないぞ、という話になった。

そして韓国経済に対しても、疑念を持つようになった。

いったん疑念を持たれると、落ちるのはあっという間である。1997年9月、韓国ウォンの暴落が始まった。それまで1ドル＝800ウォンで取引されていた為替レートは、すぐに1ドル＝1300ウォンにまで落ち込んだ。

昨今では、円安になると日本の輸出が増えて景気がよくなるということで、「自国の通貨安になることはいいこと」のように思っている人も多い。しかし、それは日本のように経常収支が常に黒字になっている国だからあり得ることなのだ。

経常収支がトントンの国は、自国通貨が安くなって輸出が増えても、輸入代金は逆に高くなるので決して有利にはならない。また外国資本に頼っているような国は、自国通貨が安くなると外国資本が逃げ出す恐れがでてくるのであまり好ましいことではない。しかも通貨が弱い国がいったん通貨安になると歯止めが効かなくなる。

当時の韓国は、経常収支がトントンの国であり、外国資本への依存度が高い国でもあった。だから、急激なウォン安は韓国経済に大きな打撃となる。韓国に投資をしていた外国企業は一斉に引き上げはじめ、外国金融機関も一斉に融資回収に走った。

もちろん韓国経済は大混乱に陥った。

韓国の経済界は、外貨不足、資金不足に陥り、「次の支払いのための資金がない」という企業が続出した。企業の倒産が相次ぎ、大規模なリストラが断行され、自殺も激増した。その状況を見て、市場はさらにウォンを売り、ウォンの価値は下がる。そして、さらに外国資金が流出する。韓国の外貨は底をつきかけ、経済破綻寸前まで追い込まれた。

当初はＩＭＦの支援も効果がなかった

韓国を経済破綻から救ったのは、**日本を中心とする欧米の金融支援**である。

現在、世界経済においては、ある国が外貨不足などに陥り破綻しかけたときは、ＩＭＦ（国際通貨基金）が救済するシステムがある。

ＩＭＦに救済を要請すれば、一時的に外貨を貸してくれる。そして外貨不足が解消したのちに、ＩＭＦに借りた外貨を返済するのである。が、このＩＭＦに救済を要請する場合には、いろんな条件が課せられる。

ＩＭＦとしても、外貨不足に陥った国に対して、無条件で外貨を貸し出していればきりがないし焦げつく心配もある。だから、ＩＭＦは救済する条件として、その国の財政状況や経済構造の改善を求める。財政や経済構造の無駄をなくさないと金は貸さない、のである。多重債務者に対して経済生活を改善することを条件に、お金を貸すのと似たようなものである。

もちろん、国家としては屈辱的なことである。

しかし、韓国はこの屈辱を受け入れ、IMFに救済の要請をした。

この要請を受けIMFが210億ドル、世界銀行が100億ドル、アジア開発銀行が40億ドルを支援することになった。

その代わりIMFは、韓国経済の構造改革プログラムを策定し、韓国はそれに従って国内の経済構造を改善しなければならなかった。事業を広げすぎた財閥の不採算部門は切り捨てられ、いくつかの財閥は「取り潰し」となった。資本や貿易の自由化を求められ、政府や大企業の借金体質も改善させられた。

この構造改革プログラムは、国民にとって大きな痛みをともなうものでもあった。韓国を代表する大企業55社が廃業させられ、韓国第2位の財閥だった大宇《テウ》グループも解体させられた。もちろん大量の失業者が発生した。また公務員やサラリーマンなどは大幅な賃下げが行われた。

韓国人の意識の中では、90年代の通貨危機のストーリーはここで終わっているようである。

韓国人は、この通貨危機のことを「ＩＭＦ危機」と呼んでいる。彼らは「ＩＭＦ危機」ということをよく話題にあげるし、**「朝鮮戦争以来の国難だった」**と言うこともある。ＩＭＦ危機についての話は韓国ドラマなどでもよく出てくる。

つまり、韓国人の意識の中では、90年代の通貨危機は、ＩＭＦに救済を要請し、ＩＭＦの構造改革プログラムを受け入れたことによって終わっているのだ。

しかし、実際は韓国の通貨危機はＩＭＦの救済では終わらなかったのである。

というのも、ＩＭＦの支援は「少なすぎ」「遅すぎ」で、韓国の経済破綻を回避することはできなかったのだ。

韓国が、ＩＭＦに支援を要請したのは、１９９７年11月21日のことである。そして、ＩＭＦや世界銀行、アジア銀行などからの支援が決定したのは、同年12月３日である。が、このとき韓国がＩＭＦに支援を要請したことが市場には「韓国の敗北」と受け取られた。

IMFの支援が決定したにもかかわらず、資金の流出は止まらず、韓国ウォンはさらに急落した。たった1週間で、韓国ウォンは、1ドル＝1166ウォンから、1ドル＝1533ウォンになったのだ。

このときも日本の支援で救われた

そのため、日本とアメリカの政府がさらなる緊急の対応を取ることになった。

欧米と日本の民間金融機関に要請し、韓国からの資金の引き上げをストップするように働きかけたのだ。

当時の韓国では、外国の銀行から320億ドルの短期借入をしていた。

当時、韓国政府は、外国の銀行からの長期借り入れについては規制をしていたが、短期の借入については事実上、野放しにしていた。そのため、韓国の企業は、外国金融機関から短期の借入を増やし続け、それが今回の韓国通貨危機の大きな要因になっていたのだ。

当時、韓国企業にもっとも多くの短期貸し付けをしていたのは、実は日本の銀行だった。

90年代に入って、日本からの韓国への投資のシェアは大きく下がってはいたが、まだ韓国経済においての日本企業や日本の銀行の存在感は大きかったのだ。

韓国企業の短期借り入れ320億ドルのうち、118億ドルが日本からのものだった。実に3分の1以上である。アメリカが40億ドル、そのほかをヨーロッパ諸国が貸し付けている状態だった。

この働きかけがうまくいくか否かは、日本の銀行の出方次第だった。

短期貸し付けの3分の1を握る日本の銀行が、韓国企業への貸し付けを繰り延べれば、韓国経済の破綻は免れることができる。日本の銀行が貸し付けを続けるのであれば、欧米の銀行もそれに同意するだろう。日本の銀行が貸し付けを続ければ市場も落ち着くはずだから、欧米の銀行は資金を引き揚げる必要はないからだ。

果たして日本の銀行はどうしたか？

貸し付けを繰り延べたのである。

これは民間金融機関としては異例のことだといえる。

普通、民間の金融機関は、預金者の利益を守るためにも、危険回避するのが当たり前である。破綻するかもしれない国に金を貸し続けるようなことはしない。

が、当時の日本の銀行たちは、この要請を了承し、債務の繰り延べに応じた。そして、この民間銀行の債務繰り延べを加えた包括的な韓国支援策が、1997年12月24日のクリスマスイブに決定した。

この包括的な支援策が、劇的に作用した。

1ドル＝1962ウォンまで下落していた韓国ウォンは、これ以降、落ち着きを取り戻し、翌年の3月には1ドル＝1384ドルにまで回復したのだ。

またIMFの支援が決定したときに、IMFなどの支援では不足したときの第二支援として、各国が独自に韓国を支援する「二国間支援」が233億5000万ドル設定されていた。この第二支援のうち、日本は最大の100億ドルを支援することになっていた。

韓国経済の**「最後の支え」**にも日本はなっていたのだ。

どこからどう見ても、韓国が経済破綻を免れることができたのは、日本の力が大きいのである。

しかし韓国人の意識の中で、「日本の支援」はすっぽり抜け落ちている。

また中には、日本の銀行が融資を引き上げたから通貨危機が起きたという韓国人もいる。

確かに、IMFからの要請以前には、日本の銀行は韓国から融資を引き上げようとしていた。が、通貨危機の危険がある国に対して、融資を引き上げるのは、銀行として当たり前のことである。

むしろ、通貨危機が起きた後に「民間銀行が融資を繰り延べる」というのは、異例中の異例のことである。民間銀行は、預金者や株主の利益を守る義務があるからだ。その異例中の異例の行為である「通貨危機時の融資の繰り延べ」を日本の民間銀行は行っているのだ。民間銀行としてはこれ以上ないというほどの精一杯の「支援」だった。しかも当時の日本はバブル崩壊直後であり、どの銀行も経営は苦しかったのだ。

もし韓国人が、この通貨危機のときの日本の支援を普通に認識していれば、こんにちのような反日感情は絶対に芽生えていないはずである。

韓国の人たちに考えて欲しいのは、このとき、韓国に主に融資していたのが、日本の銀行ではなく欧米の銀行だったら、どうなっていたか？

欧米の合理主義的な銀行たちが、融資の繰り延べを素直に了承しただろうか？

もし、融資の繰り延べが行われていなければ、韓国経済はこれほど早く立ち直ることは不可能だったはずだ。

そして、これが逆の立場だったらどうなっていただろうか？

日本経済が通貨危機に瀕して、韓国の銀行が多額の融資をしていた場合、韓国の銀行は融資を繰り延べしてくれただろうか？

この辺に、現在の日韓関係の真実があるように筆者は思うが、韓国の人たちはどう感じるだろうか？

第3章 韓国の若者は地獄に住んでいる

韓国の若者が反日感情を抱く本当の理由

昨今の韓国の反日デモなどの報道を見ると、若者たちが大勢参加しているのが目につく。今の韓国の若者たちは、日本が韓国を併合していた時代のことなどは当然知らないはずである。

また現代の日本が韓国に対してひどいことをしたことはない。日常的に韓国人を蔑視したり、街で見かけた韓国人に悪態をついたりすることは、少なくとも「普通の日本人」にはまったくないはずだ。

だから韓国の若者たちが日本に強い怒りを見せる様子は、多くの日本人にとってはかなり奇異に映る。彼らに対して日本人の多くは反発心よりも、まず「なんで？」という大きな疑問がわくはずだ。

誰しも、まったく身に覚えのないことで他人の異常な怒りを買うという経験をしたことが、人生の中でおそらく一度や二度はあると思う。そのときの「恐怖心」や「はてな感」を感じている日本人が多いのではないだろうか？

韓国の若者たちの強い反日感情には、主な理由が二つ考えられる。

一つは、**「反日教育」**である。

昨今の韓国は、異常な反日教育を施しており、日本人はみな鬼畜であるかのような教わり方をしている。だから、自分たちは何の危害を被ったこともないのに、「日本人は悪い人たちだ、だから攻撃していいのだ」という意識が韓国の若者の間に刷り込まれているようである。

この「反日教育」に対して、日本政府はほとんど抗議をしてこなかった。

これは、**日本政府の落ち度**でもある。

隣国があからさまな自国への「敵対教育」をしていることは、両国の将来において絶対によろしくないはずである。しかも、戦後の日本は韓国に様々な経済支援、技術支援を黙ってしてきたのである。

他国の教育に口を出すことは内政干渉になると思って、日本政府はまったく抗議してこなかったようだが、両国の将来に悪い影響をもたらすようなことは、ちゃんと注意するべきだし、「経済支援を打ち切る」くらいの毅然とした態度を取るべきだったのだ。

韓国の反日教育のために、何のトラブルもなかった日韓の若者同士がいがみ合うことになっているのだ。

この件については本書の趣意ではないので、これ以上の言及はしない。

それよりも大きいのが、**「経済的理由」**である。

昨今、韓国の若者は経済的に非常に辛い状況にある。近年、若者の失業率は10％前後で推移している。また職があったとしても、賃金が著しく低い非正規雇用や中小企業への就職しかできない状態が続いている。

その経済的不満のはけ口として、「反日感情」がふくれ上がっているのである。

日本側から見れば、こちらの理由のほうがたちが悪い。反日教育は、まだ抗議で修正することも可能だが、他国の経済状況をよくしてやることなどはそう簡単にはできない。

また韓国政府は、国民の反日感情をうまく利用し、経済面で国民の不満が溜ってくると、反日政策を強めて国民の不満をそらそうとしてきた。自国の経済状況の悪さを他国への敵対感情にぶつけるということは、国同士の関係でこれほど危ないことはない。韓国は、そういう危ないことをし続けているのである。

なぜ韓国は若者にとって地獄となったのか？

前章までで述べてきたように、韓国は1960年代以降、奇跡的ともいえるほどの経済発展を遂げてきた。また80年代と90年代の世界的な新興国経済危機に際しても、韓国はあまりダメージを負わずに済んできた。

その韓国の若者たちが、なぜ経済的に不遇な目にあっているのか？

90年代のアジア通貨危機以降、韓国経済の悪い面が一気に表面化してしまったのである。

アジア通貨危機の際、韓国は、一部の採算状況の良好な財閥に国の資金や資源を集中させることで、輸出を増やそうとした。

財閥の不採算部門を切り捨てさせたり、財閥の中でも財務状況が著しく悪いものは廃業させたりして、財閥をスリム化させた。その際には大量のリストラが生じた。また多くの企業が正規雇用の採用を減らし、非正規雇用を増やすようになった。

その結果、韓国は、「財閥に正社員として就職できればかなりいい収入を得ることができるが、それ以外の人はまともな収入を得ることができない」という状況になってしまったのだ。しかも、財閥に正社員として就職できる枠は非常に狭いものになってしまった。

2007年には、「88万ウォン世代」という本が大ベストセラーになった。これは韓国の経済学者禹晳熏《ウソクフン》と社会運動家朴権一《パククォンイル》が、当時の若者の生活を書いたものである。88万ウォンというのは、大企業に就職できなかった若者の月収のことであり、現在の大半の若者のことである。

88万ウォンは日本円で約7万円である。もちろん月収7万円では、まともな生活はできない。結婚や出産などは夢のまた夢ということになる。

そのため、今の韓国の若者は恋愛、結婚、出産を諦めた**「三放世代」**とも言われている。

しかも、韓国の若者の状況は、2007年以降もまったく改善されておらず、それどころか悪化するばかりである。

昨今、韓国の若者の間では、「ヘル朝鮮」という言葉が流行している。この言葉の意味は、そのまま言葉通りに**「韓国は地獄だ」**ということである。

日本の若者の低収入もかなり大きな問題だといえるが、韓国の場合はそれよりもはるかに深刻な状況なのである。

韓国では若者の6割がフリーターかニート

現在の韓国では、若者の高い失業率も問題だが、それ以上に、就業率の低さという大きな問題がある。

失業者というのは、仕事を探しているけれど仕事にありつけない人のことを指す。が、仕事を探していない人、仕事を探すのを諦めた人は、失業者の中には入らない。韓国の若者には、この仕事を探していない人、いわばニートが異常に多いのだ。

反日感情を引っ張っているのも、この属性だと思われる。

韓国統計庁の「経済活動人口調査」によると、2014年の韓国の25歳から29歳までの男性の就業率は69・4％に過ぎなかった。つまり3人に1人が就業していないのである。

この世代は、だいたい学業も終えており、兵役も済んでいることが多いので、本来はもう就職していないとならない。先進国ではこの世代の就業率はだいたい80％を超えるので、韓国は10ポイントも少ないことになる。

またこの数値が10ポイントも低いということは社会に与える影響がかなり大きい。

この数値が低いことは、「働いていない若者」が多いということである。韓国では3人に1人の若者が働いていない。先進国では働いていない若者は5～6人に1人くらいなので、ざっくり言って、「働いていない若者」が**先進国の倍くらい**いることになる。

また韓国の若者は、働いている人の3割以上が非正規雇用である。

これらの状況を加味すると、韓国の若者は6割近くがフリーターかニートということになる。

韓国は、「異常に若者が働いていない国（働けない国）」なのである。

まともに就職できるのは10人に1人もいない

なぜ韓国の若者の就業率がこれほど低いのか？

理由は簡単である。

韓国では、経済の大半を財閥が握っており、財閥企業に勤めない限り、まともな給料はもらえない。しかし、財閥企業に就職できるのはほんの一握りの人しかいない。

だから韓国の若者は、就業することに躊躇《ちゅうちょ》しているのだ。

韓国では大企業と中小企業の賃金格差が大きい。製造業では、従業員300人超の大企業では平均給与は547万ウォンに対し、従業員300人以下の中小企業は287万ウォンしかない。

約半分である。しかも、勤務年数を経るごとにその格差は広がり、勤続20年以上では倍以上の開きが出る。

日本の場合は、大企業と小企業の賃金格差比は25～30%程度の差しかない。もちろん25%の差は小さいとは言えないが、韓国の場合と比べればかなりその差は小さい。

その上、韓国の大企業の就職の口は非常に少ない。

2013年の調査では、韓国人の中小企業で働く人の割合は、87・5%だった（2015中小企業現況より）。

つまり、大企業で働ける人は12・5%しかいないのである。

日本の場合は、大企業で働く人の割合は約31%である。

また韓国の大企業は、昨今、法律で定年が延ばされたために、新規採用を控えている。

だから、ますます韓国の若者たちは大企業に就職する機会が減っている。ということは、まともに働ける口が減っているということだ。

今の韓国の若者で、まともな給料をもらえるところに就職できる人は10人に1人もいないのである。

財閥企業など大企業に就職できれば日本人と同じくらいの生活ができるが、中小企業に就職すればその半分の賃金しかもらえない。だから、財閥系企業への就職希望者が殺到し、中小企業で働こうという若者は非常に少ない。

サムスン・グループでは毎年、就職希望者に対して「サムスン職務適性試験（GSAT）」というものを実施している。2014年には9000人の募集に対して、10万人以上が出願した。また韓国では、財閥系企業の入社試験のための専門学校もあり、入社試験に受かるために「浪人」するものも少なくないという。

つまり日本の場合は、大企業には3人に1人が働けるし、中小企業に勤めたとしても、それほど給料が少ないわけではない。

逆に韓国では、大企業には10人に1人しか働けない上に、中小企業で働けば極端に賃金が減るのである。

また韓国の賃金体系はほとんどが強固な年功序列となっている。必然的に、若い人の給料は安い。韓国の中小企業全体の初任給の平均は調査されていないが、おそらく150万ウォン程度だと推測される。

韓国ウォンで、150万ウォンというと、現在の日本円で13万円ちょっとである。

ここから社会保険料などを引かれれば、10万円を切るだろう。その中から、家賃や食費などを出さなくてはならないのだ。

この月150万ウォンという収入は、OECDの中でもっとも低い**メキシコの平均収入を大きく下回る**ことになる。メキシコの平均収入よりもかなり低い、ということは、ほぼ途上国レベルだといえる。

つまり、韓国の若者の収入は**途上国レベル**なのだ。

世界有数の物価高都市で途上国並みの収入

しかも昨今の韓国は物価が上昇しており、世界でもっとも**物価が高い**国の一つなのである。

今の韓国は、世界的に物価が高いとされている日本と比べてそん色ないか、むしろ高いほどである。

国際金融機関の世界物価調査データでも、韓国のソウルは10位以内に入っていた。イギリスの経済誌エコノミストの調査部門「エコノミスト・インテリジェンス・ユニット（EIU）」が発表した2018年の世界物価データでは、ソウルは東京を抜いて世界第6位となっている。調査企業によって順位は少し違ってくるので、順位には若干の変動があるが、どこの発表データでも、ソウルが世界有数の物価高都市であることは共通している。

実際に、現在、韓国に行っても物価が安いと感じることはない。場末の食堂に行っても、だいたい一食4～500円は普通に取られる。

韓国の若者の多くは、世界有数の物価高の都市で、途上国並の収入で暮らさなければならないのだ。とてつもなく大変なことだろう。

また現在の韓国は、地方での就職先は異常に少ない。就職先のほとんどがソウルなのである。就職しようと思う若者は、必然的にソウル周辺に集まってくることになる。そのため、ソウルの家賃はどんどん高騰する。

そこでまた生活が苦しくなる。
三重、四重、五重の悪循環である。

日本よりも未婚率が高くなった韓国

韓国の若者がまともな職を得られないということは、「結婚できない若者」のデータに明確に表れてきている。

２０１９年1月、韓国の大手通信社の聯合ニュースは、韓国の若者たちの未婚率が日本の未婚率を超えたという、衝撃的な記事を報じた。

韓国の保健社会研究院が発表した「青年層の経済的自立と異性交際に関する韓日比較研究」によると、韓国の若者の未婚率はこの20年で急上昇しており、25歳から29歳までの男性では１９９６年には未婚率が64％だったのが90％に、30歳から34歳までの男性は１９９６年には19％だったのが、２０１５年には56％になっているという。

このデータを日本と比較した場合、35歳以上の未婚率はまだ日本のほうが高いが、34歳以下の世代ではすでに韓国のほうが高くなっている。

2015年の日本の男性の未婚率は25歳から29歳までは73%、30歳から34歳までは47%である。

日本女性の未婚率は、25歳から29歳が62%、30歳から34歳が35%である。

30歳から34歳までの男性では、韓国の未婚率は日本より実に9ポイントも高いのである。この世代が35歳以降、急激に結婚率が上がるとは考えられないので、日本よりも結婚率は低くなることが予想される。


また韓国では結婚どころか、異性と交際できない若者も増えている。

2012年に行われた「韓国の結婚および出産動向調査」によると、20歳から44歳までの未婚者で異性と交際している割合は、男性が33%、女性が37%しかいなかった。日本の同じ条件の調査では、男性が29%、女性が39%でほぼ同じ水準だったのである。

この韓国人の未婚率の上昇は、経済的理由が大きいと見られている。正社員として就職している人の結婚率は男女ともに高く、また収入が高い階層ほど結婚率が高いからである。

日本の未婚率の上昇も経済的な理由が大きいと見られているが、韓国ではそれ以上に深刻な状態になっているのである。

韓国の男性・女性の未婚率

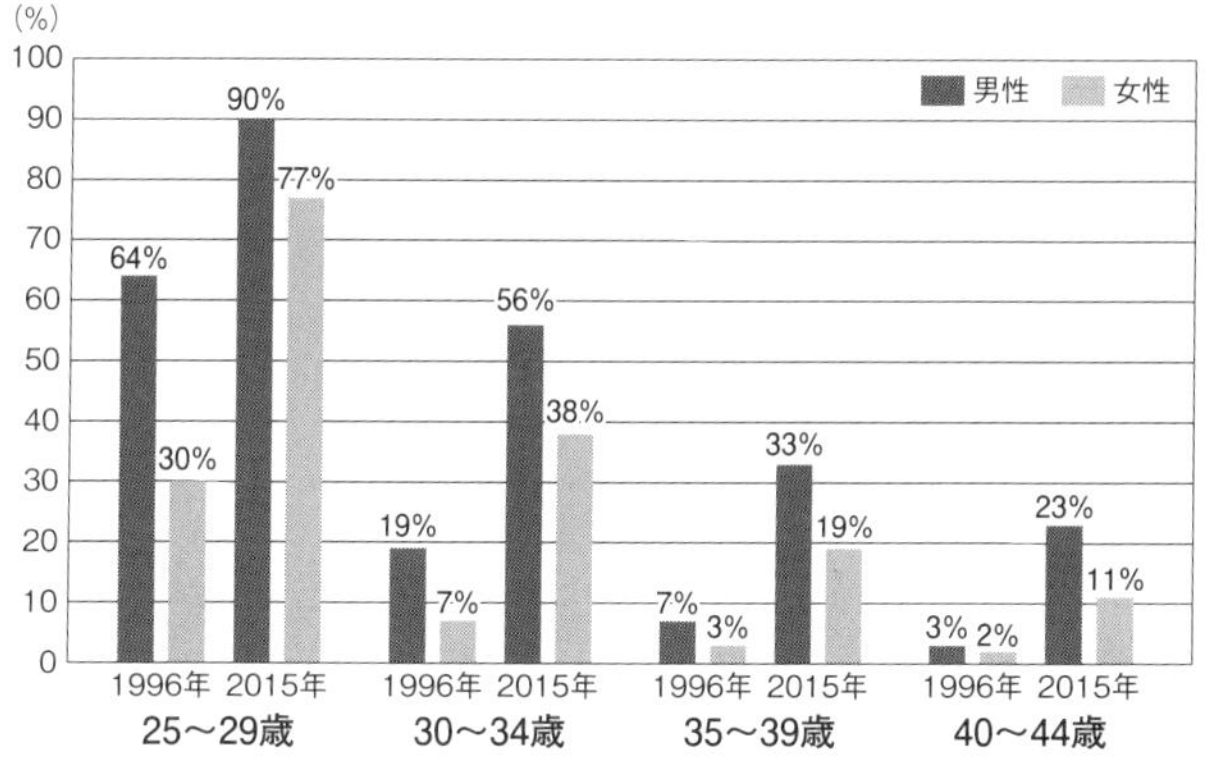

日本人より海外志向の高い韓国人

	日本人（2014年）	韓国人（2012年）	日本人の何倍か？（人口比）
留学生	182,456人	296,756人	1.6（3.8）
その他	671,230人	1,191,758人	1.8（4.3）
海外永住者	436,488人	1,122,161人	2.6（6.2）
合計	1,290,175人	2,610,676人	2.0（4.8）

韓国の若者は就職できないことにより、海外志向が高まっている。

韓国の留学生は、約30万人であり、日本人の留学生の1・6倍に及ぶ。人口比に換算すると、韓国人は日本人よりも3・8倍も留学する人の割合が高いということである。

そして留学生は、留学先の国でそのまま就職を希望していることも多い。

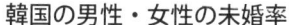

また海外永住者は、日本の2・6倍であり人口比に換算すると、なんと**日本人より6倍も海外に永住する**人の割合が高いということである。

出生率は世界最低レベル

韓国の若者の貧困は、子供の減少にもつながっている。

韓国は日本よりも急激に少子高齢化が進んでいるのだ。

韓国というのは、つい半世紀前までは、世界でも子供の多い国だった。1960年代の韓国では、合計出産率は6を超えるという超多産社会だったのだ。

この当時の韓国は、むしろ人口増加の抑制をしていた。1962年から始まった経済開発5か年計画においては「家族計画事業」なるものを推進させている。これは、無計画な多産をやめ子供の出産を計画に行ってもらおうという事業だった。中国の一人っ子政策を少し緩くしたような政策である。

その後、韓国も女性の教育水準の向上など、社会が先進国化していき晩婚化が進んだ。

その結果、70年代以降、韓国の出生率は大幅に低下した。

１９７０年には４・５人となり、１９８３年には、合計特殊出生率が「人口置換水準」とされる２・１を初めて下回った。人口置換水準というのは、今の人口を維持するのに必要な、合計特殊出生率のことである。そして１９８４年には日本の合計特殊出産率を初めて下回っている。あっという間に、**日本よりも少子化**の国になったのだ。

87年以降は１・６人の水準を維持していた。

そこにもってきて今度は、韓国の経済不振が深刻化し、「結婚したくてもできない」「子供を産みたくても産めない」若者が大量に出現した。

アジア通貨危機が起きた１９９８年には、出生率は１・48にまで落ち込み、その後もさらに急落し続けることになる。

２００５年には１・08にまで落ち込んで、それ以降いったん盛り返したが、２０１９年にはついに1を切ってしまった。これは**世界最低レベル**である。

この少子高齢化問題も、「日本の欠点をさらに顕著にする」という韓国の特徴が出ている。

日本も60年代まではむしろ「人口増」を抑制する雰囲気があった（政府が人口抑制策を講

じるほどではなかった)。が、60年代以降、出生率が下がり続け、気が付けば深刻な少子高齢化となっていた。

韓国の場合は、日本の何倍もの勢いで、多産国家から少子高齢国家になっていたのである。

そしてその最大の原因が、「若者の働き口の少なさ」にあるのだ。

さらに徴兵制という地獄が待っている

韓国の若者には、さらなる地獄が待っている。

徴兵制である。

韓国には徴兵制があり、19歳以上の若者は、原則として2年間程度、軍隊に入らなければならない。心身に問題がなければ「ほぼ全員」である。

世界には徴兵制を敷いている国は数多くあるが、それでも、実際に徴兵されるのはくじ引きなどによって選抜されたものだけというケースが多い。ほぼ全員が徴兵の対象となる韓国は世界の中でも厳しい徴兵制を持っているといえる。

この徴兵制は、韓国の若者に暗い影を落としている。軍隊内でのしごき、いじめなどで、精神疾患に陥って除隊する者が年間300人を超えるという。

2011年には、江華島の海兵隊の上等兵が、銃を乱射し同僚4人が死亡する事件があった。この事件は、軍隊内でのしごきやいじめに対する恨みが動機だったという。

徴兵制は、韓国の男性だけではなく女性にとっても、辛いものである。交際している男性がいても必ず2年間、兵役に行ってしまう。交際している若い男女にとっての2年間というのは、かなり大きいはずだ。実際に、兵役期間の間に別れるカップルは非常に多いという。

なぜ韓国にこれほど厳しい徴兵制があるのかというと、韓国は現在「戦争中」だからである。

韓国と北朝鮮の間では、1950年に朝鮮戦争が起こった。

この朝鮮戦争は、朝鮮人同士で争うと同時に、アメリカ、中国などの大国も参加し、朝鮮半島の大半が戦場になるという過酷な戦争だった。

この朝鮮戦争は、1953年に停戦合意が成されたが、まだ講和にはいたっていない。

つまりは、まだ朝鮮戦争は、形の上では、一時停止しているだけであり、韓国と北朝鮮は外交的にはいまだに戦争中という状態なのである。

しかも韓国と北朝鮮は停戦中といえども、小競り合い程度の衝突は、数えきれないほどある。

そしてご存知のように、北朝鮮は核開発をしている。おそらく初歩的な核兵器程度はつくっているはずである。

また韓国の首都のソウルは、1000万人の人口を抱えているが、実は北朝鮮の国境まで30キロしか離れていない。

北朝鮮は時々「ソウルを火の海にする」などと脅しをかけることがあるが、これは決して絵空事の話ではないのだ。韓国人の不安はいかほどかと思われる。

文在寅大統領は経済政策で大失敗をしていた

しかも、昨今、文在寅《ムンジェイン》大統領は、非常に大きな経済失策をやらかしていた。

もちろん、若者たちの生活はますます苦しくなった。

そして、その若者たちの不満をそらすために、文在寅大統領は、反日政策を強力に推し進めたのだ。

文在寅大統領の反日政策の背景には、間違いなく経済政策の大失敗がある。というより、2000年代以降の韓国の反日政策は、ほぼ経済政策の失敗とリンクしているのだ。経済政策で失敗して支持率が下がれば、日本を叩いて支持率を上げるというやり方が常態化しているのである。

文在寅大統領の経済失策がどういうものだったのかざっくり説明したい。

韓国の文在寅大統領は、大統領選挙では「格差解消」を掲げて当選した。が、文在寅大統領は、韓国経済の癌となっている財閥問題には手を付けず、「最低賃金を大幅に引き上げる」という非常に雑な方法で格差解消を試みようとした。

現在の韓国は、貧富の格差が社会問題になっている。その要因の一つとして、大企業と中小企業の賃金格差があった。この賃金格差は、財閥の大企業ばかりに利益が集中し、中小企業になかなか利潤が回らないところに最大の要因があったのである。それは、**小学生でもわかる話**だ。

だから、この問題を解決するには、財閥が独占している利益を中小企業や社会全体に行き渡らせる施策をしなければならなかったのである。

具体的に言えば、

「大企業に増税したり、大企業への補助金をなくしたりし、それを中小企業や社会全体に還元させる」

まずそれをしなければならなかったはずなのだ。

しかし、文在寅大統領は肝心なことは何もせずに、中小企業等に何の手当もせずに、急に最低賃金を大幅に引き上げるという暴挙に出た。

文在寅大統領は、「韓国の最低賃金を1万ウォンにする」と宣言し、2018年には最低賃金16・4％引き上げ、2019年にはさらに10・9％も引き上げた。これにより、韓国の最低時給は6470ウォンから8350ウォンになり、週休手当を加えると1万20ウォン（約980円）になった。

当然のことながら、この経済政策は大凶と出てしまった。

2018年の韓国の失業者は107万人となり過去最大を記録し、また最下層（所得下位20％）の人々の所得は18％も下落してしまった。つまり、低所得者の所得を2割近くも減らし、失業者を100万人も増やしてしまったのだ。
格差を解消するどころか、貧困層をさらに増大させ、しかも貧困度合いを強めさせてしまったのだ。

そもそも、この文在寅大統領の最低賃金引き上げ政策は、無理無理なものだった。それは冷静に考えれば、誰でもわかることだ。

賃金というのは、企業の体力に応じて引き上げられないと、企業は破綻してしまう。無理に最低賃金が引き上げられれば、賃金が払えなくなる企業が続出するのは当然である。そして、そういう企業は、従業員を解雇したり、新規採用を止めたりせざるをえない。

そして最低賃金を引き上げるというのは、中小企業の負担が大きいものである。大企業の賃金は最低賃金よりはかなり高いので、大企業は痛くもかゆくもなく、中小企業だけが大打撃を受けたのである。

破綻寸前の韓国経済の中心で、贅《ぜい》を謳歌している財閥にとっては、最低賃金の引き上げなど痛くもかゆくもない。財閥たちは、自社の正社員たちには、少なくとも最低賃金よりはかなり高い賃金を払っているからだ。

その結果、雇用を維持できない中小企業が続出し、最下層の国民たちは残業手当が減らされたり、雇用を奪われたりしたのだ。

文在寅大統領は、当選当初は80％という高い支持率だった。

しかし、彼の経済失策が明らかになるにつれて支持率は急落。２０１８年の後半には50％を切ってしまった。文在寅大統領が、極端な反日政策をとるようになったのはこのころである。

２０１８年10月には、国際法に違反していると日本から抗議を受けた徴用工判決を放置し、同年11月には慰安婦問題の最終的解決とされてきた「和解、癒し財団」を解散させてしまった。

支持率が下がれば、反日政策を採るというのは、昨今の韓国大統領の常とう手段にもなっている。

というより韓国の大統領は、就任当初は、日本からの援助を引き出すために親日的な姿勢を見せ、任期後半に支持率が下がってくると、支持率回復のために反日姿勢をとるようになる。

韓国大統領の日本叩きの図式

就任当初	日本からの経済協力（経済支援）を引き出すために日本との協力関係をほのめかす
	↓
任期中盤	韓国の最大の経済問題である「財閥問題」にはまったく手をつけられず、国民の不満が高まる。支持率急落。
	↓
任期後半	財閥に取り込まれ、大統領の身内や大統領自身が財閥がらみの不正疑惑を起こす。支持率が崖っぷちになる。
	↓
任期終盤	日本叩きをして支持率を回復させようとする。

2008年に就任した李明博《イミョンバク》元大統領などは、その典型的な例である。就任当初は日本のニュース番組にゲスト出演するなど、親日的な姿勢をとっていた。そして日韓スワップ協定を拡大するなど日本から大きな支援を引き出した。

しかし、任期後半に支持率が落ちてくると反日的な発言を繰り返すようになった。2012年7月に国会議員だった実兄が収賄で逮捕され、支持率が急落すると、その1か月後に韓国の大統領として初めて竹島に上陸した。

韓国の大統領が、就任当初は支持率が高いのに、任期後半に必ず支持率が下がる原因は明白である。韓国の最大の経済問題である「財閥問題」について効果のある手を何も打てず、大勢の国民の生活が苦しいままとなっているからだ。

大財閥の利権や富には一切手を付けず、無茶な経済政策を推し進めて大失敗する。それどころか財閥に取り込まれ、財閥がらみの不正が明らかになる。そして国民の不満をそらすために、日本叩きをする。

その悪循環が、今の日韓関係の悪化をもたらしたといえる。

大財閥に対する税優遇

韓国がしなければならなかったのは、無理やりに最低賃金を引き上げるのではなく、大財閥の独占している韓国の収益を吸い上げて、社会に還元することなのである。

しかし、韓国政府は、もう何十年もそれとは逆のことをしてきた。

韓国の大財閥たちは、他の中小企業よりもたくさん税を払うのが当たり前のはずだが、実際はその逆なのである。韓国の大企業の税金は、表向きの税率は高いが、さまざまな抜け穴があるために、実際の税負担額は非常に安いのだ。

そのわかりやすい例が、サムスンに対する税優遇措置である。

サムスンは、2018年決算で6兆8000億ウォンを納税している。これは、韓国企業で最高である。が、サムスンはこの2018年決算での営業利益は、58兆8900万ウォンである。法人税の実質負担率は11・5％に過ぎない。

韓国の法人税率は、25％である。

だから、サムスンの11・5％というのは実に半分以下ということになる。

なぜサムスンの実質的な税負担率が安いのかというと、韓国の法人税にはさまざまな抜け穴があるからだ。しかもその抜け穴は大企業に集中している。

たとえば、昨今でも、韓国政府は、半導体企業に対する大減税策を講じたが、これは事実上、サムスンだけを対象にしたものだった。

これはざっくり言うと「非メモリー半導体」に10年間で133兆ウォン（約13兆円）設備投資すれば、法人税の最大30％を減額するというものである。

が、これは明白に、サムスン一社に対する減税なのである。

というのも、10年間で133兆ウォンを設備投資できるような電子企業は、韓国にはサムスンしかない。誰がどう見ても、同社だけを露骨に優遇している政策なのである。

半導体には「メモリー半導体」と「非メモリー半導体」がある。サムスンは「メモリー半導体」には強いが、「非メモリー半導体」はまだそれほど強くない。そのため、「非メモリー半導体」部門を強化するために、この減税を打ち出したというわけだ。

「自国で可能性のある産業に集中投資をし国際競争力をつける」

ということは、国の経済政略としては一つの方法である。

が、この経済戦略をとる場合、特定の企業だけが潤い肥大化し、やがて強大な権力を持ち、国政にまで大きな影響を及ぼしてしまう危惧もある。

またこういう経済戦略をとり続けると、特定の企業はどんどん成長するが、次の世代の企業がまったく育たなくなるという弊害もある。

だから国は、この経済戦略を採用する場合には、そうならないように恩恵を受けた企業からは、ちゃんと利益を吸い上げ、社会に還元する施策をとらなければならない。

そして、大企業から吸い上げた利益を、次世代を担う中小企業、ベンチャー企業の育成に投資しなければならない。

韓国は、その点がまったくできておらず、一部の企業だけがどんどん肥大化し、韓国経済をすべて握っているような状態になってしまった。

韓国経済のこの問題点については、韓国の経済発展が目立ってきた1980年代からすでに指摘されていたことだった。韓国政府は、この問題点を改善するどころか、どんどん悪化させてしまったのだ。

そして、現在の韓国経済は、財閥の弊害に苦しめられながらも、財閥にしがみついてどうにか生きている状態なのである。

「巨大な腫瘍ができていて、このままでは死ぬのがわかっていながら、その腫瘍を取り除く手術をするだけの体力が残っていない」

という状態なのである。


韓国の若者は、世界の中でも非常に過酷な状況に立たされているといえる。

いつ戦争が起きるかという不安の中で、厳しい厳しい軍隊生活を送らされ、ようやく兵役が終わっても、10人に1人しかまともに就職はできない。まともな就職ができなければ、恋愛も結婚もままならない。

これでよく**暴動が起きないものだ**、というレベルである。

そして、韓国の若者が暴動を起こさないのは、おそらく若者たちの不満や怒りが、反日感情に流れているからなのだ。

2000年代以降、韓国の政権は国内の経済が悪化するたびに、反日感情を煽《あお》るような政策を打ち出し、若者たちの不満をそらしてきた。

韓国の若者たちに、筆者はぜひ伝えたい。

あなたたちの感じている不満や怒りを、冷静に客観的に分析してほしい、と。あなたたちが今、過酷な環境に置かれているのは、日本のせいですか？　政府のせいですか？

今、あなたたちの働き口を奪っているのは、70年以上前の日本の朝鮮総督府ですか？

それとも、財閥ばかりを大事にしてきた今の韓国政府ですか？

あなたたちが、自分たちの不満や怒りの矛先《ほこさき》を間違えるなら、あなたたちの環境は決して良くなることはないはずです。むしろ、どんどん悪化していきます。

ちゃんと自分たちの国の政治のこと、経済のことを冷静に見つめ、抗議する相手を間違えないようにしてください、と。

第4章

財閥問題のはけ口としての反日感情

30の財閥が韓国経済の90％を握る

韓国経済の最大の弊害は、「財閥」である。

韓国では、一部の財閥が政治経済の中枢を占めている。

韓国の民間研究所「経済改革研究所」の調査分析によると、２０１１年の韓国の30大財閥の年商総額は１１３４兆ウォンであり、韓国のＧＤＰの91・７％にも及んでいる。また２０１１年時点での30大財閥の総資産は１４６０兆ウォンであり、韓国のＧＤＰを上回る規模である。

韓国経済は30の財閥に支配されているといっていい。

しかも、そのうちの上位10位までの財閥で、韓国株式市場の時価総額の50％以上を占めている。

韓国の財閥は、80年代以降に急激に膨張した。

30大財閥は、１９８０年から２００６年にかけて、資産規模は38倍、年商は27倍になっている。

「財閥支配」が韓国経済を不健全にしているのは明白であり、韓国政府も財閥の力を弱める政策を幾度か打ち出した。しかし、韓国政府の中枢にいる人々も、30大財閥となんらかの関わりがあるため、なかなか実効は上がっていない。

また韓国では、財閥側の人間が中世の王家さながらの**「特権階級意識」**を持っているとも言われている。

2014年12月には、「ナッツ・リターン」と呼ばれる事件が起きた。

これは、大韓航空のニューヨーク発、韓国行きのファーストクラスに乗客として乗っていた大韓航空の趙顕娥《チョヒョナ》副社長（当時）が、サービスされたナッツが、皿に盛りつけず袋のまま出されたことに腹を立て、動き始めた飛行機をゲートに戻し乗務員を降ろしたというものである。その結果、この便は離陸が46分遅れ、到着は16分遅れた。

彼女は大韓航空オーナーの長女であり、乗務員も機長もその命令に逆らえなかったという。

この事件では、さすがに韓国国内でも轟々たる非難が巻き起こり、趙顕娥は航空法違反で逮捕された。が、これは、彼女だけの問題ではなく、韓国の財閥全体に広がっているものだとされている。

韓国の財閥は国が育てた

この悪名高き韓国の財閥は、どうやってこれほど巨大化してきたのか？

ざっくり言えば、**「政府との癒着《ゆちゃく》」**である。

真に公正な競争をしていれば、ここまで肥大化することはなかった。

財閥の創業者や一族の中には、もちろん商才に長《た》けたものもいる。が、それだけでは、彼らが韓国経済のあらゆる分野にまたがり、半世紀にも渡る長い間、肥大化し続けてこられるはずはない。最大の要因は、間違いなく「政治との癒着」なのだ。

韓国の財閥の多くは、戦前から大地主や商人だった者が、戦後のどさくさの中で商機をつかんで頭角を現した。

そして国や官庁とコネをつくり、「官有物の払い下げ」を受けることで一気に膨張したのだ。

もっとも顕著な例は、終戦直後の日本人資産の払い下げである。

第二次大戦後、日本が朝鮮半島から引き上げた際、日本人の資産の大半は置き去りにされてきた。工場施設や店舗だけじゃなく、金融資産も残されていた。それは、日本の大蔵省（現財務省）の試算では、50億ドルを超える巨額なものだった。これは、当時の韓国の総資産の80％に相当する。

この日本人が残した資産は、いったんアメリカが管理した後、韓国に渡された。そして韓国政府は、これを民間に払い下げた。

が、この払い下げの過程は、公売などの民主的な手続きを経たものではなかった。政府にコネクションがある商人などに格安で引き渡されたのである。

最初の年に代金の10％を支払い、残額は15年以内の分割払いということになっていた。当時の韓国は激しいインフレに襲われており、15年の分割払いとなると、無料同然だった。だから、少し金を持っていて政府関係者とコネがある者は、非常に美味しい思いをできたのだ。

この日本人資産の払い下げが、財閥形成に大きな影響をもたらした。

たとえば、サムスンは三越百貨店の京城支店の払い下げを受け、これは新世界百貨店となった。新世界百貨店は、今も韓国の高級デパートの一つに君臨している。同じくサムスンは、朝鮮生命という保険会社の資産も払い下げを受けた。この朝鮮生命も、現在のサムスン・グループのサムスン火災海上保険につながっている。

理研がつくっていた理研金属仁川工場は、現代グループの仁川製鉄につながっている。韓進（現在の大韓航空を所有する財閥グループ）は朝鮮火災保険という保険会社の払い下げを受けている。

また韓国10大財閥の一つ、SKグループは、そもそも日本人がつくっていた「鮮京織物」という織物企業の製造部長だった崔鍾建《チェジョンゴン》が、工場一式の払い下げを受けて創業したものである。

その他にも多くの払い下げ物が、韓国の財閥成立に大きな役割を担っており、現在の韓国財閥で日本人資産の払い下げ物にまったく関係していないものはいないとさえいえる。

アメリカの支援物資で肥え太る

日本人資産の払い下げで基礎を築いた財閥の卵たちは、次にアメリカの援助物資の独占によって肥え太っていく。

前述したように、終戦直後から60年代まで韓国はアメリカから莫大な援助を受け取っていた。アメリカの援助のほとんどは、食料や医療品などの現物支給だった。これらの食料や医療品は、韓国政府がいったん受け取り、それを市中で売却することで政府の財源としていた。

この援助物資は、政府から指定を受けた事業者のみが買い取ることができた。もちろん、指定業者になるときには、公正な基準などがあるわけではなく、政府関係者とコネがあり、ある程度金を持っている者が、指定業者になることができた。

援助物資は市場価格よりもはるかに安い値段で指定業者に売却されたので、指定業者になると莫大な収益を得ることができた。また指定業者は、公的施設を安く譲渡されたり、当時、貴重だったドルの借り入れを優先的にできるなどの特典も得ていた。

また指定業者たちはカルテルを結び、援助物資を市中で売る際には一定の価格を維持していた。

こうして、肥え太った者たちが、財閥として頭角を表していったのだ。

韓国の財閥は、「日本人資産」「アメリカの援助物資」「韓国政府との癒着」によって、生まれたのである。

そして財閥は「政府との癒着により大きな特典を与えられて増強していく」という黄金パターンを、現在まで繰り返していくことになる。

国営航空会社も情実で払い下げ

韓国の「官有物の払い下げ」は、日本人資産だけではなく、その後もさまざまな形で行われ、「財閥成長」の主要な養分となってきた。

韓国では官有物が公売などにかけられずに、政府要人との関係だけで払い下げられることが多々ある。

たとえば大韓航空である。

現在、韓国を代表する航空会社(フラッグ・キャリア)である大韓航空は、もともとは国有航空会社だった。それが1969年に韓進グループに払い下げられたのだ。

韓進グループは、もともとは運送会社だったのだが、グループの創始者である趙重勲《チョジュンフン》が、時の大統領朴正熙と懇意にしており、当時、赤字だった大韓航空公社を格安で譲り受けたのだ。

また日本の「鮮京織物」の工場払い下げにより創業したSKグループは、1980年には国営企業の大韓石油公社の払い下げを受けた。SKグループはさらに1994年には国営通信会社だった韓国移動通信の払い下げを受け、SKテレコムを発足させた。SKテレコムは現在、韓国最大の携帯通信会社となっている。


赤字の公営企業といえども、施設などに多額の税金を投入されているものである。しかも、払い下げられるときには、累積した赤字は政府が引き受け、資産だけを格安で譲り受けるのである。

日本でたとえて言うならば、国鉄や電電公社を民営化するときに、株式公募などはせずに、西武グループなどにそのまま格安で譲渡するようなものである。

戦前の日本でも、政府所有物を特定の人物に払い下げるなどということが、時々行われていた。が、当時でさえ、世論はかなり怒っており、戦後はそういうことはほとんどなくなった。

現代の日本では、公営企業などが民営化されるときには、特定の企業グループにそのまま売却するようなことはせず、まず政府が株を所有する「民間企業」という形にし、その後、政府の保有株を一般に売却するというのが普通の手順である。JR（旧国鉄）もそうであるし、NTT（旧電電公社）やJT（旧専売公社）もそういう手順がとられている。

公営企業が簡単に私企業に払い下げられることは、先進国ではあまりないことである。

目に余る財閥保護政策

また韓国では、国営企業の払い下げだけではなく、さまざまな面で政府が財閥を優遇する政策を行ってきた。

韓国政府の財閥優遇策の中で、もっとも悪名が高いのは1972年に出された「逆徳政令」だろう。

1960年代から韓国経済は、日本からの経済支援の影響などで急激な発展を遂げていた。財閥たちはここぞとばかりに設備投資を拡大していた。毎日のように新しい工場や建物、施設がつくられていた。

が、当時の韓国では、金融市場などは未成熟であり、金融機関などもまだそれほど資金力がなかった。だから財閥たちは、設備投資の資金に苦慮していた。

韓国の企業家たちは、総じて**借金体質**であり、「無理な借金をしてでも事業を拡大する」という傾向が強い。

この当時の財閥たちは、「私債」という方法を使って資金を集めていた。「私債」というのは、原始的な社債のようなもので、「これだけ利子を払う」という約束をして一般の人たちから資金を募るというものだった。

韓国の市民たちは、「私債」のほうが銀行に預けるよりも高い利子がつくし、相手は財閥なので信用できるということで、この財閥の私債をたくさん購入した。

が、1970年代に入ると、それまでの過剰投資がたたり、財閥たちは利払いに苦しむようになった。順調に発展してきた韓国経済は、これによりブレーキがかかってしまった。

韓国政府は、何か手を打とうにも、当時の韓国の銀行の資金力では、「私債」をすべて借り換えることはできない。そこで、大統領命令として「私債」の凍結を打ち出したのだ。

私債は、すべて利率が16・2％に固定され、3年据え置き、5年の分割償還ということにされた。このときに企業が申告した私債の額は約3500億ウォンであり、当時の韓国の銀行の融資額の3分の1に相当するものだった。

つまりは財閥にお金を貸していた一般の人たちに損をしてもらうことで、財閥を守ったのである。

また韓国では、事実上、財閥しか受けられない優遇政策を打ち出すことも多々ある。

たとえば、1976年に成立した「総合貿易商社法」である。

これは、一定の規模を持つ総合商社に対しては輸出入において特別な便宜を図る、という法律なのである。

が、この「一定の規模」というのが、「年間100万ドル以上の輸出実績があること」「10か国以上に10か所以上の海外支社を設置していること」など、かなり大きな商社でないとクリアできない条件となっていた。これをクリアできるのは、財閥系の総合商社しかいなかった。つまりは、財閥に対して国が堂々と恩恵を与えるという制度をつくったのだ。

この法律のおかげで財閥系の商社たちは、公式為替レートが1ドル＝480ウォンのときに、420ウォンで1ドルを入手することができ、一般の市中銀行の貸付利率が17％のときに8％の利率で融資を受けることができた。

また前述したように、昨今でも、韓国は事実上サムスン電子にしか適用されないような減税制度をつくっている。

ここまで堂々と財閥に公的、法的に便宜を図っているのだから、実務的な部分での便宜はさらに大きいものとなっている。

公共事業の誘致、事業の許認可、不動産の取得、建築の許可などの財閥に対する便宜は計り知れない。

アジア通貨危機以降、財閥問題が深刻化

韓国の財閥は、60年代ごろからすでに社会問題化していた。

財閥の政治との癒着による不正な蓄財は、すでに韓国国内に広く知られており、たびたび批判にさらされた。また財閥一族の脱税事件や贈賄事件はたびたび起こっており、そのたびに国民は怒った。

が、1980年代までは、財閥の弊害はそれほど深刻なものではなかった。

なぜなら1980年代までは、韓国の国民全体の収入が上がり、急速に豊かさを感じられていたからだ。

韓国が、高度成長をしていた1970年代から1980年代にかけては、大企業と中小企業の賃金格差は縮小していた。1985年には、中小企業の従業員は大企業の80％近くの賃金を得ていた。

この時代は、人手不足のために、中小企業でも賃金は上昇していたのである。

またこの時代、韓国の財閥は事業の範囲を大きく広げており、雇用する従業員の数も多かった。韓国の就業者の半数近くが、財閥系の企業で働いていたのである。

だから1980年代までの韓国では、「財閥一族だけが王侯のような生活をしている」という怨嗟《えんさ》はあったが、財閥の弊害自体はそれほど深刻なものではなかった。国民が、それなりに生活できていたし、財閥の恩恵を受けている国民も多かったからだ。

しかし、1990年代のアジア通貨危機を境に、韓国の経済構造は大きく変わる。

まず大企業と中小企業の賃金格差は大きく広がっていった。韓国の高度成長が止まり、中小企業の賃金も上昇が止まったのである。

アジア通貨危機では、財閥の再編が行われ、不採算部門は強制的に切り捨てられたり、「大宇」など廃業させられた財閥もあった。そしてこの時期は、嵐のようにリストラが行われ、財閥は人員を大幅に削減した。

また正規雇用を減らし、非正規雇用を大幅に増やした。

その結果、財閥はスリム化し、財務状況は大きく改善。収益状況も良好になった。

しかし、財閥以外の中小企業などは、ほとんど救済らしい救済はされなかった。だから財閥の韓国経済における支配率はますます高まることになった。

財閥スリム化により、財閥で働ける人は非常に少なくなった。しかも財閥以外の中小企業は、収益が悪化しているため、まともな賃金は払えない。

こうして「財閥に正社員として入社した一握りの人たちしかまともな収入を得られない」という現在の韓国の経済構造ができ上がったのだ。

財閥の犯罪

韓国の財閥が、もし素晴らしい人物たちばかりで、国の指導者として申し分ないというのであれば、まだ救われる。

が、韓国の財閥の人たちというのは、調べれば調べるほど、ひどいものである。韓国の国民たちは、よくこういう存在を許してきたものだと**感心するほど**である。

韓国の財閥は、違法スレスレもしくは違法行為も厭《いと》わない体質を持っている。

韓国の財閥には贈賄や脱税で有罪になった者が数えきれないほどいるのだ。実刑を受けて収監されたものも少なくない。

たとえばサムスン・グループの総帥は現在、三代目となっているが、３人とも何らかの罪を犯しているのである。

創始者である李秉喆《イビョンチョル》は、１９６６年に日本からサッカリンを密輸したとして告発されている。この事件は、朴大統領と共謀していたとも言われている。李秉喆は投獄こそされなかったが、会長辞任を余儀なくされ、サムスンは資産の半分を国家に寄付している。

また二代目の李健熙《イゴンヒ》は、長男の李在鎔《イジェヨン》に対して、持ち株会社の株式を実勢よりもかなり低い価格で生前贈与していたことが明らかになった。これは持ち株会社に対する背任行為とされたが、裁判所は背任については時効とし脱税のみで立件。懲役３年、執行猶予５年、罰金１１００億ウォンの判決が出されている。

また同じくサムスン・グループの現在の事実上の三代目総帥である李在鎔は、朴槿恵大統領に対する贈賄の罪で一審有罪となったが、2018年2月の2審で執行猶予判決が出て拘置所から釈放されている（2019年8月、最高裁は2審判決を破棄。差し戻し）。

ロッテ・グループ創業者の次男である重光昭夫副会長は、朴槿恵の側近への贈賄容疑で2018年2月に実刑判決を受け収監されていたが、控訴審で執行猶予判決が出て同年10月に釈放された。

SKグループの現会長である崔泰源《チェテウォン》も会社の金を横領したとして服役していたことがある。


また経済犯罪ではなく暴行や麻薬などの犯罪も枚挙にいとまがない。大韓航空の会長の娘の趙顕娥《チョヒョナ》が、大韓航空機に乗ったとき、マカダミアナッツを袋のまま出されたことに腹を立て、航空機を引き返させた「ナッツ・リターン事件」は前述したが、彼女の母親（つまり会長の妻）もグループの従業員に対する暴行で書類送検されている。さらに趙顕娥の妹も、取引先に対して激高して水をかけたとして問題となった。

現代グループの創業者の孫は3人が麻薬で逮捕されている。

そのほか、財閥家はひき逃げ事件や暴行事件、裏口入学事件なども、多数引き起こしている。しかも彼らは事件を起こした後も、大半はグループ内の要職にとどまっているのだ。

「自分たちは何をやっても許される感」が半端ないのである。

財閥の兵役逃れ

前述したように韓国では兵役があり、不法に兵役を逃れることは犯罪である。が、財閥家は、ここでもクロに近い行為が多々あると見られている。

韓国の一般人の兵役免除率は6・4%だが、財閥一家の免除率は33%だった。一般人の5倍である。

しかも、サムスン財閥に限ってみると、兵役免除率は73%にも達していたという。

財閥一族の男子たちが兵役免除になる理由は、長期留学や〝**病気**〟などだった。しかし、それが〝正当な理由〟ではないことは、公然の秘密となっている。

たとえば、サムスン家の創業者の孫で現在、サムスン電子の副会長をしている李在鎔などは、椎間板ヘルニアを理由に兵役免除となっているが、乗馬の選手として韓国代表に選ばれたこともあるという。

また同じくサムスン創業者の孫で、新世界百貨店の副会長をしている鄭溶鎭《チョンヨンジン》は、兵役の制限体重１０３キロをオーバーしていたことで兵役免除となったという。彼は確かに太ってはいるが、それでも１０３キロを超えているとは到底、見えない。

前述したナッツ姫こと、大韓航空の会長の娘、趙顕娥はハワイで双子の男子を出産し、アメリカ国籍を取らせた。これも、兵役逃れということで世間から批判を浴びた。

韓国の財閥は、国の経済の大半を握り、犯罪もするし兵役も逃れる。

まさに**韓国ドラマさながらの特権階級**なのである。これでは、先進国の経済社会とは言えないだろう。

韓国の大統領は必ず財閥に取り込まれる

韓国人も、財閥問題が韓国の社会経済を歪《ゆが》めているということは重々承知している。

前述したように60年代ごろから、財閥は問題視されてきたのだ。

そして韓国の大統領は、いつも財閥問題の解決を掲げて大統領選挙に当選する。しかし、いつも在任中に財閥に取り込まれてしまうのだ。韓国大統領は、ほとんどが退任後、逮捕されたり自殺するなど悲惨な末路をたどっていることが知られている。その最大の要因は、韓国の大統領が任期中に財閥と癒着し不正を起こすからである。

軍政時代の大統領も、ほぼすべて財閥と強い癒着があったが、民政化以降の大統領も、親族を含めればすべての大統領が財閥との癒着事件を起こしている。

左の表は、民政化以降（金泳三以降）の5人の大統領と財閥との主な癒着事件をまとめたものである。すべての大統領が財閥と何らかの癒着があることがわかる。

これでは、財閥の弊害を取り除けるはずがないのである。

しかも財閥との癒着が発覚して、支持率が下がると決まって強烈な日本叩きを始めるのだ。日本としては、絶対この手の日本叩きを許してはならない。

韓国の日本叩きを日本が許容してしまえば、それは韓国のためにもならない。

韓国社会にとって、財閥問題がもっとも重大なものであることは間違いない。歴代の大統領がその解決ができずに日本叩きをして国民の不満をそらす手法が常態化してしまえば、いつまでたっても韓国はこの問題を解決できないのである。そして、日韓の国民同士がい

韓国の民政化以降の大統領の財閥との主な癒着事件

金泳三	次男が韓宝グループなどから賄賂
金大中	長男ほか親族がナラ総合金融などから賄賂
盧武鉉	泰光実業などから賄賂
李明博	サムスン・グループなどから賄賂
朴槿恵	サムスン・グループなどから賄賂

がみ合うという、大きな負の副産物までついてくるのだ。

韓国大統領がこういう日本叩きを始めたときには、日本政府や日本のマスコミは、韓国国民に向けてその旨を説明すべきである。

「今、韓国が向き合わなくてはならないのは、過去の日本との問題ではない。現在の財閥の問題である。今のあなたの生活を苦しくしているのは、過去の日本ではなく、現在の財閥である。あなたがたの大統領はそれを誤魔化そうとしているのではないか？　冷静に客観的に考えて欲しい」

日本の「お人よし外交」が問題を悪化させる

韓国が、近年、極度な反日政策をとるようになったのは、日本の**「お人よし外交」**も大きな要因である。

日本は、対中国との外交においても非常な「お人よし」を演じてきた。

中国も日本から多額の経済支援を受けていながら、民主化の遅れなどによる国民の不満を反日教育によってそらしてきた。それを見た韓国は、中国の真似をしたのである。

中国の改革開放政策や、西側陣営との経済交流に、非常に大きな役割を果たしたのは、日本である。

戦後の中国は、東西冷戦のために西側諸国から国家として認められず、国際社会から無視された存在だった。その国際社会から仲間外れになっていた中国に手を差し伸べたのは日本なのである。

日本はアメリカよりも一足早い、1972年に中国と国交を回復した。

またその後の中国の改革開放政策に対し、日本は水先案内人のような役割をしている。

国交を回復した日本と中国は、すぐに経済面での協力を開始した。

当時の中国は、経済力がまったくなく、財政規模も小さかった。

また1972年の日中国交回復から1980年までの間で、日中の貿易額は8倍に増えたが、その内訳は中国の大幅な貿易赤字だった。中国の日本に対する貿易赤字額は71・57億ドルにも達した。

対日本のみならず、欧米との貿易においても、中国は赤字が蓄積していた。1978年から1980年までの3年間で、44・43億ドルの赤字累積となっていた。

改革開放したばかりの中国では、農産物などが主な輸出品であり、付加価値が低かったのである。

それを見かねた日本側が、日本政府からの円借款、経済技術協力を要請したらどうか、と持ちかけた。

中国側は、当初は、資本主義国からお金を借りたり技術支援を受けたりすることに抵抗があり、若干の逡巡もあったが、時の指導者、鄧小平《とうしょうへい》が決断し、日本に円借款の要請を行った。

その結果、1979年から、日本の円借款、経済技術支援が本格的に始まった。そして

80年代以降、急激な経済成長が始まるのだ。

しかし、中国の経済発展は1989年にいきなり急ブレーキがかかってしまう。

天安門事件が起きるのだ。

天安門事件とは、民主化を要求した学生たちが北京の天安門広場を占拠し、それを中国政府が軍を用いて強制排除したというものである。事件の詳細は、現在も公表されていないが、一説には数千人が犠牲になったという。

この天安門事件を受けて、西側諸国は一斉に中国政府に抗議をし、制裁措置を講じた。しかし、このときも日本の中国に対する抗議、制裁は最小限のものにとどまった。

日本は中国に対し「これ以上、国際非難を浴びるような人権侵害行為をしないこと」「中国の改革開放政策に協力する方針には変わりはない」というメッセージを送り、経済支援規模を若干、縮小しただけだった。

これにより、中国は国際的に孤立することが回避された。

しかし、中国は日本に対して、絵にかいたように**「恩をあだで返す」**のである。

中国は、国民の民主化への不満をそらすために、徹底的な反日教育を施すようになる。天安門事件から5年後の1994年、江沢民政権は「愛国主義教育実施要綱」を制定し、強力な反日教育を始めた。小中学校の授業では、旧日本軍が行ったとされる蛮行などが繰り返し取り上げられた。映画やテレビでも同様に、旧日本軍を鬼畜のように描いた作品が数多くつくられるようになった。

そのため、この時代以降に生まれた中国人は、日本に対して強い偏見、嫌悪感を持っている人も多い。

そして、これとまったく同じことを韓国もするようになったのだ。

日本は世界や韓国人にメッセージを発するべき

韓国や中国の日本敵対政策を許してきたのは、日本外交の稚拙が要因の一つでもある。日本の外交は、「日本は国際法にのっとってやっているし、国際法に違反しているのは韓国のほうだから、世界もいずれわかってくれるはず」という気持ちでやっている。日本は「約束はきちんと守る」けれど、相手の顔色をうかがって臨機応変に対応するようなことは非常に苦手である。

日本は島国根性の国であり、自分たちの価値観が世界標準だと信じ込んでいる。しかし、国際社会では声の大きいものが勝ったり宣伝がうまいほうが勝ったりするものである。日本人同士では以心伝心が通用するが、それは世界では通用しないということである。

日本人は、「韓国政府は嘘つきで傲慢で世界中から嫌われている」と思っているが、韓国政府が嘘をついたり傲慢な態度をとるのは、日本に対してだけである。他の先進諸国には決してそのような態度はとらない。

韓国は国連の事務総長も出しているし、世界銀行の総裁にも韓国系アメリカ人が就任したことがある。国際政治での身の処し方は、韓国は決して下手ではないのだ。

国際政治の舞台では、「世界を納得させるだけの説明をしたほうが勝ち」なのである。それが、嘘か本当かにかかわらず、である。ひどいことを言われても、黙っていれば、それが真実になってしまうし、いろんな国から付け込まれることになる。

その点について日本は認識を改める必要がある。

日本は徴用工の問題についてももっと丁寧に世界や韓国国民に対して説明するべきだったろう。

徴用工問題については、韓国政府がけたたましく日本の非を世界に向けて発信しているのに対し、日本政府は「韓国は国際法に違反している。国際司法裁判所で決着をつけるべき」の一点張りである。

そして、突然、ブチ切れたように経済報復的な行動をとる。

これで世界の人々は日本に共感をするだろうか？

また韓国人の多くは

「日本は韓国に非をとがめられて突然逆切れした」

「日本は徴用工問題を恨みに思ってまったく関係のない経済報復をしてきた」

と思っている。

日本政府から見れば、徴用工問題は「解決した問題であり、ちゃんと調べればすぐに真実はわかること」であるかもしれないが、世界の人々や韓国人はそういう見方はしていない。

濡れ衣を着せられた側は、被害者ではあるけれど、誤解をはらさなければ加害者にされてしまうのである。

また日本は韓国や中国に対して「国内の経済不満をそらすために日本敵対政策をとるようなことはやめろ」とはっきり明言すべきであるし、その辺の事情を世界や相手国民にも説明するべきだろう。

敵対政策をとり続ける国に、長年、莫大な経済支援、技術支援をし続けてきたなどというのは、お人よしにもほどがあるというものである。日本は国際的なアピールが非常に下手なのである。

そこにつけこまれているのだ。

第5章

あなどれない韓国の「模倣技術」

韓国の驚異的な「模倣技術」

2019年7月に、日本政府が安全保障を理由として、韓国向けのフッ化ポリイミド、レジスト、フッ化水素の輸出審査を厳格化することなどを発表したとき、韓国側は国中が大騒ぎとなった。

この事態を見て、

「あまりにも日本への対応がひどすぎたからだ」

「まだまだ韓国は科学技術では日本には追い付けない」

と溜飲を下げた人も多かったはずである。

前述したように韓国の科学技術力は、率直に見て、まだ日本の科学技術に追い付くには時間がかかる。韓国は基礎研究において遅れており、学術部門でのノーベル賞はまだ獲ったことがない。

また財閥企業以外の中小企業のレベルが非常に低く、新しい分野の開拓ということもままならない。

しかし、だからといって、では日本は安心かというと決してそうではない。というのも韓国が発展してきたのは、科学技術の力ではないからだ。

「模倣《もほう》技術」の力なのである。

この韓国の模倣技術は、あなどることができない。

というより、科学分野でのノーベル賞を取ったことがない国が、世界の家電や半導体において、これほどのシェアを獲得するということは逆に驚異的でもある。

嫌韓派の人たちは、韓国のことを「模倣国家」だと非難する。

確かに他国の技術を盗んで発展するというのは、みっともない。しかし、韓国はこの「模倣技術」によって、世界有数の工業輸出国になったわけである。

模倣と言われようがどうしようが、日本からさまざまな分野でシェアを奪ってきたのは事実である。

現在の、韓国の主力輸出産業となっている半導体、家電、造船の分野は、かつては日本の主力輸出産業だったものである。これらの分野は、つい20年前は日本のほうが圧倒的に優れており、韓国が追い付くのはまだ時間がかかると見られていたのだ。

しかし、わずか20年の間に、韓国は日本を凌駕《りょうが》してしまった。

だから、「加工材料の分野ではまだ日本には追い付けない」と安心することはできないのである。

日本企業の脇の甘さ

韓国は、当初は日本からの技術供与によって、その技術を会得してきた。

1965年の日韓国交回復以降、日本は韓国に対して国家的な技術支援を行ってきた。それで韓国の工業技術力が大躍進したのである。

そして韓国が先進国の仲間入りし、日本が国家的な技術支援をやめてからは、かなりダークな方法で情報を抜き取るようになってきた。

韓国に進出した日本企業の技術者に接近して情報漏洩《ろうえい》をさせたり、日本企業の元技術者を高額報酬で引き抜いたりするなどで、日本の技術をパクってきたのである。

韓国に日本の技術がパクられまくってきたのは、日本側にも大いに責任がある。日本企業の「脇の甘さ」が、安易に技術を盗まれることにつながっているのだ。

日本の技術が盗まれた要因は、主に二つある。

一つは、**日本企業の海外進出**である。

日本は、1970年代以降、韓国をはじめとしたアジア諸国に安易に工場を移転させた。日本と他のアジア諸国では、人件費に大きな開きがあり、海外に工場を移転させたほうが利益が大きかったからだ。

詳しくは後述するが、この安易な海外移転が、後に日本企業を大いに苦しめることになったのだ。

そして、もう一つの大きな要因は、**バブル崩壊後の雇用政策の失敗**である。

バブル崩壊後、日本の経済界は、雇用をおざなりにしてきた。残酷なリストラを敢行し、賃下げを続けてきた。そして日本企業の業績が向上してからも、賃金の引き下げはやめなかった。これも詳しくは後述するが、この20年間の日本は、先進国の中でほぼ唯一、賃金が下がっている国なのである。

そのため、多くの優秀な人材が韓国や中国などに流出したり、韓国企業などの産業スパイとなってしまったのだ。

本章では、韓国の模倣技術の詳細と、日本企業の脇の甘さについて追及していきたい。

なぜ家電シェアで日本が一人負けとなったのか？

日本企業がいかに脇が甘かったかということは、家電メーカーのこの40年ほどの動きを見れば明らかである。

日本の家電メーカーは、70年代からこぞって海外に工場を建設してきた。その最大の理由は、人件費削減である。賃金が高くなった日本の労働者を雇用するのをやめ、アジアの安い労働者を雇用するということである。

この「低賃金戦略」により、２０００年代前半まで、日本の家電メーカーは、世界の家電市場シェアの大半を占めていた。

左の表を見てほしい。

2002年時点での世界の家電シェア

単位100万ドル

順位	企業名	母国	家電部門売上	全社売上
1位	SONY	日本	31710	61335
2位	松下（現パナソニック）	日本	27153	60744
3位	サムスン	韓国	20042	47606
4位	フィリップス	オランダ	14440	30084
5位	LG	韓国	13377	17836
6位	東芝	日本	12068	46416
7位	エレクトロラックス	スウェーデン	11508	13700
8位	ワールプール	アメリカ	11016	11016
9位	日立	日本	9883	67228
10位	三洋	日本	9583	17912
11位	トムソン	フランス	9157	9629
12位	ハイアール	中国	8590	8590
13位	シャープ	日本	7957	16440
14位	ゼネラル・エレクトリック	アメリカ	5887	131698
15位	三菱電機	日本	5883	29865

JETROサイト記事「日系家電メーカーにおけるグローバル化の進展と分業再編成」渡邊博子著より

世界の家電シェアの1位2位を日本の家電メーカーが占め、10位のうちに5社、15位のうちには7社も占めていたのだ。この時期、すでに韓国のサムスンや、中国のハイアールも台頭してきていた。にもかかわらず、日本の家電メーカーは、世界で圧倒的な強さを持っていたのだ。これがわずか17年前のことなのだ。

が、2000年代後半になって、韓国や中国のメーカーに凌駕されるようになっていった。

日本の家電メーカーは、韓国や中国のメーカーに、価格競争で敗れ、世界の家電シェアはたちまち彼らに奪われた。

2002年の家電売上で15位以内に入っていた7社のうち、シャープと三洋は他企業に買収され、ソニーと東芝は家電部門の一部を売却している。たった10数年で、こうも変わるかというほどの衰退ぶりである。

2015年の売上10位の世界の家電メーカー

1位　ワールプール（アメリカ）

2位　ハイアール（中国）

3位 美的集団（中国）
4位 エレクトロラックス（スウェーデン）
5位 ＢＳＨ（ドイツ）
6位 ＬＧエレクトロニクス（韓国）
7位 フィリップス（オランダ）
8位 パナソニック（日本）
9位 サムスン電子（韓国）
10位 ＳＥＢグループ（フランス）
（各企業の発表データより）

日本企業は安易にアジアに技術を移転させた

２０１５年の家電メーカーの順位を見たとき、日本企業の衰退だけが目を引く。韓国、中国の台頭で日本メーカーは大きく後退しているが、欧米のメーカーは、日本のメーカーと違ってしっかり頑張っている。

2002年に10位以内に入っていた欧米の家電メーカーたち、アメリカのワールプール、スウェーデンのエレクトロラックス、オランダのフィリップスは、いずれも現在も10位以内に入っている。6社もあった日本のメーカーがパナソニック1社になってしまったのとは、対照的である。

むしろ、日本のメーカーに席巻されていた1990年代ごろと比べれば、シェアは伸びているといえる。アメリカのワールプールなどは、企業買収などの成果が大きいにしろ、2002年には8位だったものが2015年には1位になっているのだ。

なぜ欧米の電機メーカーは生き残ることができて、日本の電機メーカーは衰退しているのか？

各メーカーの主要商品を見ればその理由は見えてくる。

欧米の電機メーカーは、韓国や中国のメーカーとは、あまり競合していないのだ。

アメリカのワールプールは、冷蔵庫や洗濯機などの「白モノ家電」が主要商品である。だが、ワールプールの扱う商品は、アメリカ式の大型のものがほとんどであり、業務用の物も多い。韓国や中国の家電メーカーがつくる白モノ家電とは、ちょっと分野が異なるのである。

またスウェーデンのエレクトロラックスも、白モノ家電が主要商品だが、食器洗浄機、調理器具など、キッチン周りの製品が多い。そして、デザイン性に優れ、家電としてだけではなく「家具」として高級感のある商品が特徴となっている。

ドイツのBSH、オランダのフィリップス、フランスのSEBグループなども同様に、アジア系の電機メーカーとは、若干、主要商品が違っている。

つまり、欧米の電機メーカーは、韓国や中国のメーカーと、まともにぶつかってはいないのである。

しかし、日本の電機メーカーの主要商品と、中国、韓国の電機メーカーの主要商品は、まともにかぶっている。白モノ家電の冷蔵庫、洗濯機等は、同じくらいのサイズのものであり、その他の家電にしても、同じような商品が多い。

また以前は、分野だけではなく、商品そのものも、似ている物が多かった。韓国や中国の電機メーカーの製品は、明らかに日本製のコピー商品と言えるものが多々あったのだ。構造だけじゃなく、デザインもそっくりなものが多く出回っていた。

ここに、日本企業の脇の甘さが見てとれる。

「日本のメーカーは、早くから中国、韓国に工場を建てて、技術供与をしてきた」
「韓国、中国のメーカーは日本のメーカーの技術を会得し（盗み）発展してきた」
というわけだ。

日本の家電メーカーは、1970年代ごろから急速に外国に進出し、東南アジアに工場などを建て始めた。

そして、1985年のプラザ合意以降は、その勢いが加速した。

プラザ合意というのは、アメリカ、日本、西ドイツ、フランス、イギリスの大蔵大臣の会議で決められた合意内容のことである。このプラザ合意により、5か国は「為替安定のためにお互い協力する」ということになった。

このプラザ合意により、日本は「円高」を容認せざるを得なくなった。当時の日本は貿易黒字が積みあがっており（特に対米黒字）、円が実勢に比べて低いレートにあるということが、問題視されていたからだ。

円高になるということは、日本製品の価格競争力が損なわれるということでもある。

これに危惧を抱いた日本の製造メーカーたちは、海外進出を一気に加速させたのだ。人件費の安いアジア諸国に工場を移転し、製品の価格を抑えようということである。

日本の企業が海外に進出するということは、日本の技術が海外に流出するということになる。

企業がどれほど技術の流出防止に努めたとしても、外国に工場設備まで建ててしまえば技術流出を止められるはずがない。

そして進出先の国では当然、技術力が上がる。

日本人が長年努力して作り上げてきた技術が、企業の海外進出によって簡単に外国に提供されてしまうのである。

韓国、中国などの企業が急激に発展したのは、日本がこれらの国で工場をつくり、無償で技術を提供したことが大きい。

現在の日本の家電企業などの停滞は、もとはと言えば日本企業が安易に海外進出したことで起こったのである。

企業としては、当面の収益を上げるためには、人件費の安い外国に進出したくなるものである。

が、これは長い目で見れば、決してその企業の繁栄にはつながらない。進出先の国でその技術が盗まれ、安い人件費を使って、対抗してくるからである。

つまり、日本企業は、自分で自分の首を絞めているのである。

欧米のメーカーは、日本ほど安易に韓国や中国に工場を移したり、技術供与をしてはこなかった。そのため韓国や中国にコピーされず、同じような商品で価格競争を強いられることもなかったのだ。

なぜ日本は半導体シェアを韓国に奪われたのか？

韓国企業が日本企業の得意分野を奪う典型的な例を半導体分野に見ることができる。

日本の半導体産業というのは、かつては日本の輸出の主力商品だった。

1980年代には、半導体の巨人だったアメリカを凌ぎ、世界シェアの50％を超えたこともあった。

しかし今では韓国のサムスン電子が世界シェアのトップであり、韓国の輸出全体の20％を占めるほどになった。完全に韓国の主要産業となっているのだ。

この半導体産業にこそ、韓国の模倣技術の高さと日本の脇の甘さが、如実に表れている。

韓国の半導体業界は、日本の半導体技術を盗み、そのシェアを奪うことで発展してきた。

半導体の勢力図を見ると、20年前からアメリカが世界シェアのだいたい50％を占めており、それは今でも変わらない。が、20年前には、30％程度のシェアを持っていた日本は、今ではわずか7％にまで落ち込んでいる。その一方、20年前はほとんどなかった韓国が27％ものシェアを持つようになったのである。

日本と韓国は、半導体の種類や製造過程が似ている。そして日本とアメリカでは、半導体の種類や製造過程があまり似ていない。

つまり、韓国の半導体は、明白にアメリカではなく日本の持っていたシェアを奪うことによって発展しているのである。

日本の半導体産業の凋落《ちょうらく》は、1986年に結ばれた「日米半導体協定」から始まった。

1980年代、日本がアメリカから世界の半導体シェアを奪っていったことで、アメリカは日本に強力な圧力をかけるようになった。

そして日本に対して「安全保障上の問題がある」と威嚇《いかく》し、アメリカ市場へのこれ以上の参入を妨害しはじめた。日本はアメリカの圧力に屈し、半導体取引において自主規制をすることになった。

それが「日米半導体協定」だった。

この日米半導体協定では、「日本はなるべくアメリカ製の半導体を購入すること」などが決められたが、日本はこれを「努力目標」とするだけで、具体的な数値などは定めなかった。アメリカはこの日本の態度に業を煮やし、日米半導体協定締結の1年後に、3億ドルの報復関税を実施した。日本製のテレビやパソコンなどに100%の高関税を課したのである。

アメリカのこのやり方は、最近、中国のファーウェイ製品を締め出したのと同様である。日本は、アメリカの強硬姿勢に屈し、仕方なく半導体の輸出を控えるようになった。日本の半導体シェアは見る間に落ちていった。

1990年代に入ると、日本の半導体産業のシェアは大きく落ち込み、技術力でもアメリカに後れをとるようになっていた。輸出を増やせないので、それほど設備投資をするわけにもいかなかったからだ。

そして、1990年代半ばには、アメリカにとって日本の半導体産業はそれほど脅威ではなくなった。

またパソコンのシステムソフトＷＩＮＤＯＷＳの開発などにより、必要とされる半導体の種類が大きく変わり、日本の半導体メーカーたちは大規模なリストラを迫られることになった。

その間隙をぬって、台頭してきたのが韓国のサムスン電子なのである。

当初、日本はサムスン電子のことなど、まったく眼中に置いていなかった。

「サムスン電子が日本やアメリカの半導体技術に追いつくにはまだ時間がかかるだろう」と踏んでいたのだ。今の「高純度フッ化水素」などの技術と同様の意識を持っていたのだ。

そのため日本企業は愚かなことに、サムスン電子に大っぴらに技術提供さえしていたのである。

１９９６年に、日本では国内の主要な半導体メーカーが集まって、半導体先端テクノロジーズ（Selete）という研究開発企業をたち上げた。

メーカー各社が独自に研究するのは開発費のコストがかかりすぎるということで、通産省が音頭をとり、日本の半導体産業を復権させるために、企業の垣根を超えて協力しあおうということになったのだ。

この半導体先端テクノロジーズ（Selete）は当時の日本の半導体の主要メーカーだった、東芝、ソニー、シャープ、富士通、日立、松下、三菱電機、NEC、沖電気、三洋の10社が、5億円ずつ均等出資することによって設立された。各企業の研究者、技術者が1か所に集まり共同研究開発を行う、「日本の半導体技術のすべてが結集された企業」だったのである。

が、信じがたいことに、この半導体先端テクノロジーズ（Selete）には、その後、なぜか外国企業のサムスン電子が「研究開発委託」という形で参加したのだ。

なぜ日本国内メーカーの競争力を高めるために、日本の技術の粋を集めてつくった研究企業に他国の企業を参加させたのか？

お人よしにもほどがある、ということである。

「ひさしを貸して母屋を取られる」

とは、まさにこのことである。

またこのことは、当時の日本企業がいかに、韓国企業を甘く見すぎていたかということでもある。日本企業の脇の甘さを象徴しているといえる。

この半導体先端テクノロジーズ（Selete）への参加が、サムスン電子にとって大きな飛躍のきっかけになったことは間違いない。

韓国半導体企業の産業スパイ事件

しかも韓国の半導体企業は、不正な方法でも日本の技術を盗んでいた。

２０１４年、東芝の提携企業の元技術者が、韓国の半導体企業「ＳＫハイニックス」に機密情報を流したとして訴えられた。

いわゆる「東芝半導体データ流出事件」である。

この事件の経緯は次の通りである。

アメリカの半導体大手サンディスクの日本法人に勤務していた技術者が、共同技術開発していた東芝のデータをコピーし、韓国の「ＳＫハイニックス」に転職した。そしてコピーしていた東芝の研究データを「ＳＫハイニックス」に提供した。

これに気づいた東芝がＳＫハイニックスと元技術者に対し、１０９０億円余りの賠償などを求める訴訟を起こしたのだ。

この裁判は、ＳＫハイニックスが２億７８００万ドル（約３３０億円）を支払うことで和解した。が、東芝は信じがたいほどお人好しで、この事件をきっかけに、ＳＫハイニックスと共同開発をすることに同意したのである。

「情報を盗んだ相手と和解し、その後に協力し合う」

というのは、映画やテレビドラマであればありうるだろう。

しかし、経済社会はそれほど甘くない。共同開発しても、したたかな韓国企業と東芝では公平になるはずがない。東芝の大幅な持ち出し超過になることは目に見えていたはずだ。

この元技術者は、ＳＫハイニックスから前職の２倍ほどになる千数百万円の報酬を約束され、住居にはソウルの高級マンションを提供されたという。しかし、ＳＫハイニックスは、この元技術者の能力自体には魅力を感じておらず、保持している機密情報だけが欲しかったらしく、たった３年で契約を打ち切られている。

絵にかいたような**「産業スパイの使い捨て」**である。

技術の盗用は主要産業全体に及ぶ

しかし、この事件は氷山の一角であると見られている。

この事件は、東芝の社員ではなく提携先の企業の元技術者が「データをコピーして持ち出した」ために訴えられたものである。もし、東芝の技術者がデータをそのまま提供するのではなく、自分のつちかった技術を提供すれば、なかなか訴えるのは難しい。

実際に90年代以降、そういう事例は腐るほどあるのだ。

東芝、ソニーなどから、韓国のサムスン電子などに転職した技術者は多々いる。

また転職をせずとも、韓国企業から招かれて技術講義などを行った日本の技術者は多々いると見られている。日本の技術者たちは、日本企業に在職したまま、土日にサムスン電子などにソウルに招かれることがよく行われていたという。1回の技術講義で、その技術者の月給の何倍もの報酬が払われた。

これは半導体分野だけではなく、日本の産業全体で行われたと見られている。

前述したが、韓国の製鉄メーカー最大手のPOSCOは2012年、日本の新日鐵から

「技術盗用」で訴えられている。新日鐵の元技術者たちを雇用し方向性電磁鋼板の技術を盗用したのである。

韓国は、途上国のときには「技術供与」により、先進国になってからは「技術盗用」により、日本の技術を奪ってきたのである。韓国はこの手の**「ダークな産業競争」**には非常に強く、日本はからきし弱い。

しかも、日本側にも、技術流出を招きやすい要因があった。日本の経済政策の失敗も大きく関係しているのだ。

日本企業は業績が良かったのに賃金を下げ続けた

韓国の技術盗用の手口は、日本企業の技術者を高額の報酬で釣るという非常に単純なものである。

なぜ日本側はこれを防げなかったのか？

これには、90年代以降の日本の経済界の大きな失策が関係しているのだ。

バブル崩壊以降、日本の経済界は、日本人の雇用を非常におろそかにしてきたのである。

1995年、経団連は「新時代の〝日本的経営〟」として、「不景気を乗り切るために雇用の流動化」を提唱した。

「雇用の流動化」

というと聞こえはいいが、要は「いつでも正社員の首を切れて、賃金も安い非正規社員を増やせるような雇用ルールにして、人件費を抑制させてくれ」ということである。

これに対し政府は、財界の動きを抑えるどころか逆に後押しをした。

90年代から2000年代にかけて、日本企業ではリストラの嵐が吹き荒れた。そして、90年代中盤から実に20年以上に渡って、事実上の賃下げを行ってきたのだ。これは大企業も同様である。

日本経済新聞2019年3月19日の「ニッポンの賃金（上）」によると、1997年を100とした場合、2017年の先進諸国の賃金は以下のようになっている。

アメリカ　176
イギリス　187
フランス　166

ドイツ　155
日本　91

このように先進諸国は軒並み50ポイント以上上昇している。アメリカ、イギリスなどは倍近い金額になっているのだ。

その中で、日本だけが下がっている。しかも**約1割も減っている**のである。

イギリスの187ポイントと比較すれば、日本は半分しかないのだ。つまりこの20年間で、日本人の生活のゆとりは、イギリス人の半分以下になったといえる。

この20年間、先進国の中で日本の企業だけ業績が悪かったわけではない。むしろ、日本企業は他の先進国企業に比べて安定していた。経常収支は、1980年以来、黒字を続けており、東日本大震災の起きたときでさえ赤字にはなっていない。企業利益は確実に上昇しており、企業の利益準備金も実質的に世界一となっている。

にもかかわらず、日本企業は従業員の待遇を悪化させてきた。

賃金を上げなかったのは、中小企業だけじゃなく大企業も同様である。というより、大企業が賃金を抑え込んだために、日本全国の企業が賃金を抑え込むことになったのだ。

日本最大の企業であるトヨタでさえ、２００２年から２０１５年までの14年間のうち、ベースアップしたのは、わずか6年だけである。

特に２００３年から２００５年までの３年間、ベースアップをまったくしなかった罪は大きい。トヨタは２００４年に過去最高収益を上げている。にもかかわらず、ベースアップがなかったのである。

また２０１５年は、トヨタは円安などによる好業績のため、史上最高額のベースアップをしたとして話題になったが、４０００円という額は、賃金の１・１％程度に過ぎない。

ということは、消費税アップ分にさえ、ほど遠いということである。つまり従業員側から見れば、実質的には減収となっているのだ。


その一方で、**日本の大企業の役員報酬は高騰**している。

２０１０年3月期決算から、上場企業は1億円以上の役員報酬をもらった役員の情報を有価証券報告書に記載することが義務付けられた。

日本では、近年、役員報酬が激増していながら、２００４年に長者番付制度が廃止されているので、役員報酬の実態が不明となっていた。そのために、この1億円以上の役員報酬の開示制度が始まったのだ。

この制度が始まったとき、上場企業では364人もの1億円プレーヤーがいたことが判明し、世間を驚かせた。が、上場企業の1億円プレーヤーは、その後も激増をつづけていて、2018年には731人になっている。

企業によっては、社員の平均給与の200倍の報酬をもらっている役員もいた。


日本の企業は以前はこうではなかった。

「ジャパン・アズ・ナンバーワン」と言われ、日本企業が世界経済でもっとも存在感が大きかった1980年代、日本企業の役員報酬は、その社員の平均給料の10倍もないところがほとんどだった。

欧米の役員や経済学者たちはそのことを不思議がった。

「従業員の給料はしっかり上昇させ、役員報酬との差は少ない」

「会社のトップがそれほど多くない報酬で最高のパフォーマンスをする」

それが80年代までの日本企業の強さの秘訣だったのである。

しかし、今では役員と従業員の報酬は、欧米並みか、それ以上に差がある。そして、従業員の賃金は、欧米では考えられないような下げ方を続けられてきた。また欧米では考えられないような陰湿な方法で、リストラが敢行されてきた。

日本経済の弱点を衝いた韓国企業

日本企業はこの20年間、どこも経営が苦しいために、従業員の賃金を下げ続けてきたわけではない。

日本企業は、バブル崩壊以降に内部留保金を倍増させて446兆円にも達している。

また日本企業は、保有している手持ち資金（現金預金など）も200兆円近くある。

これは、経済規模から見れば断トツの世界一であり、これほど企業がお金を貯め込んでいる国はほかにない。

アメリカの手元資金は日本の1・5倍あるが、アメリカの経済規模は日本の4倍である。だから経済規模に換算すると、日本の企業はアメリカ企業の2・5倍の手元資金を持っていることになる。

世界一の経済大国であるアメリカ企業の2・5倍の預貯金を日本企業は持っているのだ。

また株主に対する配当も、この20年で激増し、2倍を大きく超えている。

つまり、株主配当も役員報酬も激増し、会社には巨額の預貯金がため込まれているにもかかわらず、社員の賃金だけは下げ続けられたのである。

これでは、会社に忠誠心を持てと言うほうが無理である。


ちなみに韓国の大企業の社員の賃金はそれなりに高いし、近年は欧米以上の上昇を続けている。韓国経済の問題というのは、財閥、大企業の賃金と、中小企業の格差が大きいということであり、大企業の社員の待遇自体は問題がない。また韓国人は、日本人への対抗心が強い。

だからサムスン電子やSKハイニックスなどから、日本企業に情報が洩れるということはあまり考えにくい。

韓国企業が日本企業のシェアを奪っていった時期と、日本がリストラを敢行し賃下げをするようになった時期とはほぼリンクする。見方によれば、韓国企業は**日本経済の弱点を的確に衝いている**といえるのだ。

資本財の技術も韓国が盗まないはずがない

資本財（加工材料）の技術についても、いずれは韓国が盗まないはずはないのである。

たとえば、今回、日本が韓国に対して輸出規制を厳格にした品目の中に「高純度フッ化水素」という資本財がある。

この「高純度フッ化水素」は半導体の製造には不可欠なものである。

そして、この「高純度フッ化水素」でもっとも性質が高いものは、ほぼ100％日本で製造されており、しかもこの〝超〟高純度フッ化水素がなければ、半導体の品質を保てなくなる。

日本にとっては切り札的な輸出品である。

この「高純度フッ化水素」という製品は、日本では森田化学工業、ステラケミファ、ダイキンの3社が製造している。

そのうち、森田化学とステラケミファは、韓国に合弁会社をつくり、韓国に工場を置いている。ステラケミファにいたっては、そこで「高純度フッ化水素」も製造しているのだ。

高純度フッ化水素の中でも、もっとも高品質の〝超〟高純度フッ化水素は、日本で製造しているとしても、それ以外の高純度フッ化水素は、中国、台湾、韓国などでも製造されているのである。

これらの技術を韓国が盗まないはずはないし、今は門外不出となっている超高純度フッ化水素の製造技術もいずれは韓国など他の諸国に渡ってしまうだろう。

なぜなら、日本はこれまでそういう重要な技術情報を、ことごとく韓国などに盗まれてきたからだ。超高純度フッ化水素の製造技術だけが、**「いつまでも盗まれない」**はずはないのだ。

今現在は、日本の「ホワイト国除外」により、韓国経済は打撃を受けることになるし、もし日本が禁輸などをすれば、韓国経済は破綻してしまうだろう。

が、日本が「禁輸」までしてしまうと、それは「やりすぎだ」として、国際的な非難を浴びるだろうし、現実的に難しいだろう。

となると、韓国はここでいったん反日の声を弱め、日本と和解して急場をしのぐ。そして、大急ぎで日本の資本財の技術を盗み取る。

そうなる可能性は非常に高いのである。

第6章 日韓が今すべきこと

日本の財界も韓国の財閥を笑えない

これまで韓国の財閥は先進国とは思えない前近代的な体質を持っており、それが韓国の経済社会を蝕《むしば》んでいることを述べてきた。

かといって**日本も韓国を笑える状態ではない**。

というのも日本でも近年、急速に「大企業優遇」「株主優遇」の政策がとられており、日本人が思っている以上に、貧富の格差が進んでいるからだ。

韓国では、財閥系の企業に勤めることのできない人たち（国民の8割以上）は、年収がかなり低くなり、日本の平均の半分程度になる。

そしてこの層の人たちは、総じて生活が苦しく、男性の場合は結婚も難しい。韓国の婚姻率や出生率が下がったのは、この層が増えたことが大きな理由の一つである。

日本では、韓国のように「財閥系に勤めていなければ結婚も難しい」という極端なピラミッド社会ではない。

しかし日本の場合、ピラミッドの最上層以外の収入レベルが下がっているのが大きな特

韓国の経済ピラミッド

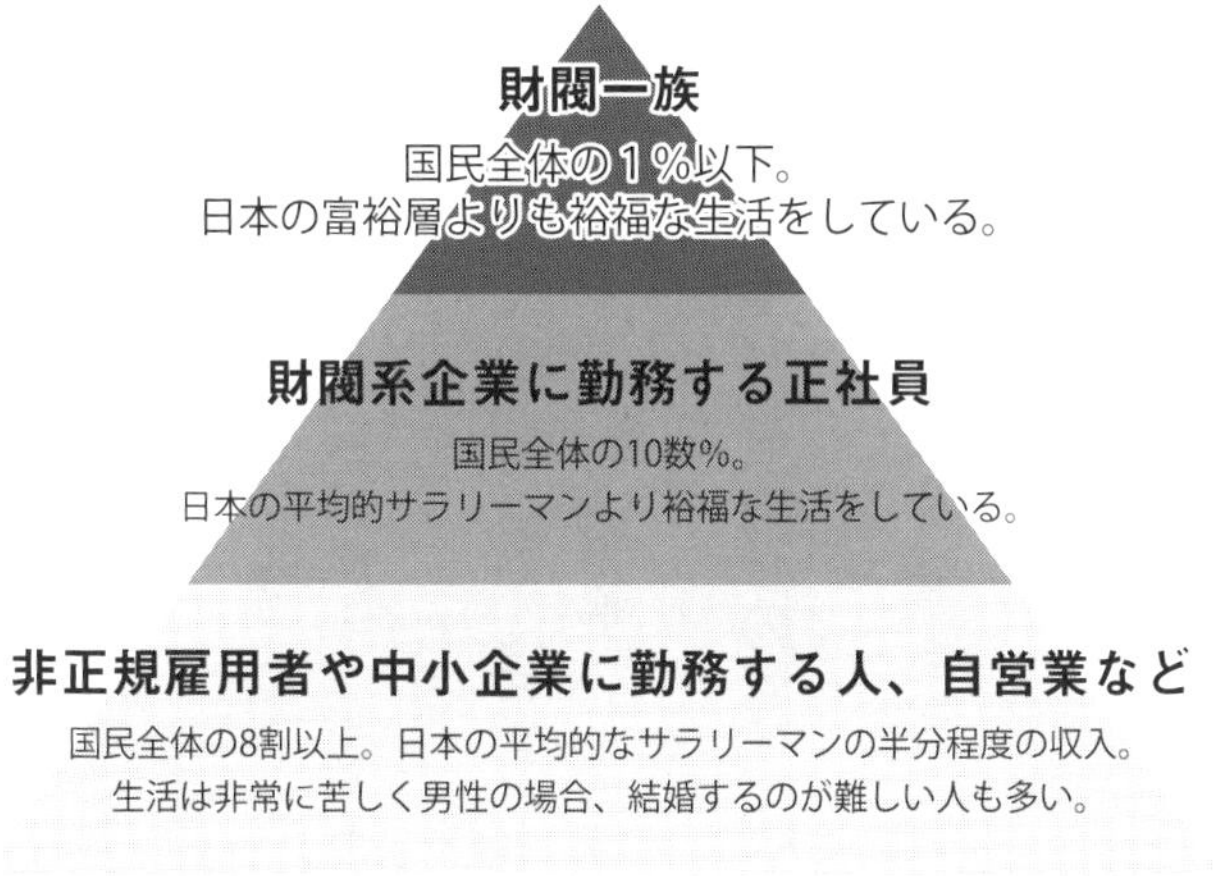
財閥一族
国民全体の１％以下。
日本の富裕層よりも裕福な生活をしている。
財閥系企業に勤務する正社員
国民全体の10数%。
日本の平均的サラリーマンより裕福な生活をしている。
非正規雇用者や中小企業に勤務する人、自営業など
国民全体の8割以上。日本の平均的なサラリーマンの半分程度の収入。
生活は非常に苦しく男性の場合、結婚するのが難しい人も多い。

日本の経済ピラミッド

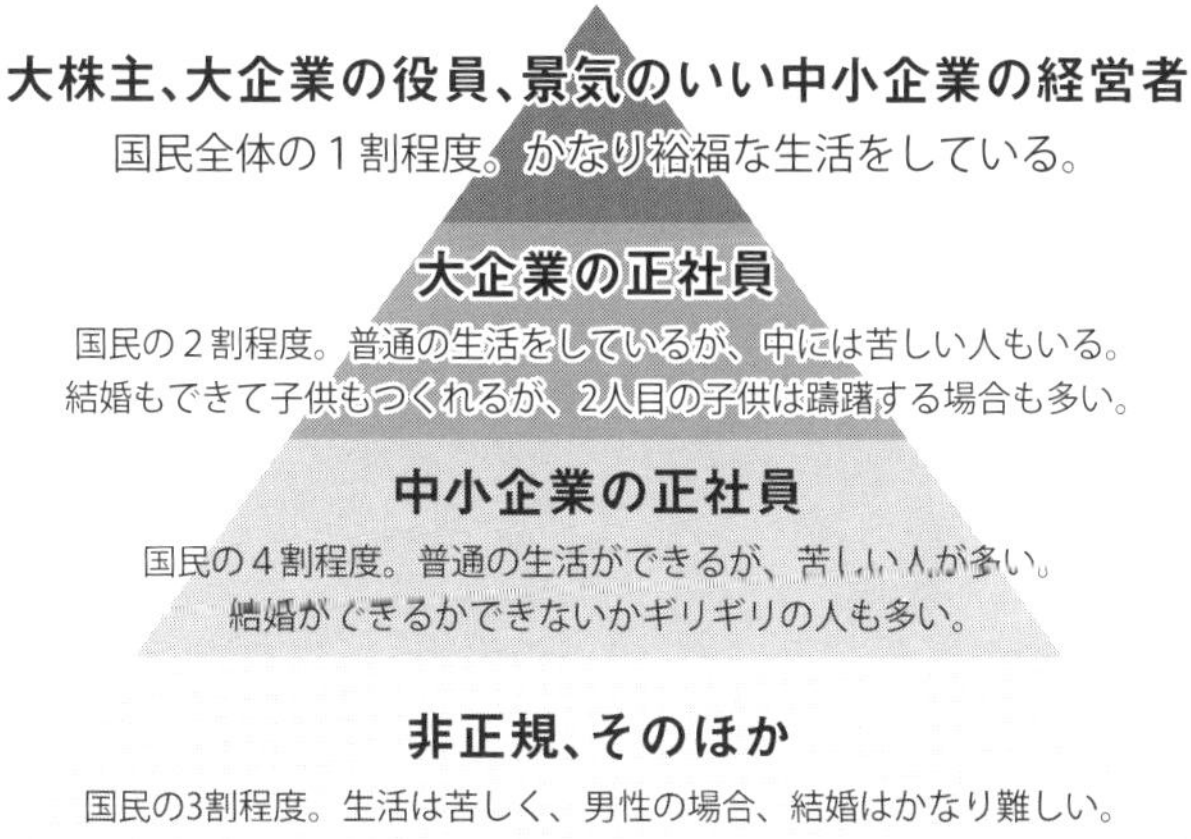
大株主、大企業の役員、景気のいい中小企業の経営者
国民全体の１割程度。かなり裕福な生活をしている。
大企業の正社員
国民の２割程度。普通の生活をしているが、中には苦しい人もいる。
結婚もできて子供もつくれるが、2人目の子供は躊躇する場合も多い。
中小企業の正社員
国民の４割程度。普通の生活ができるが、苦しい人が多い。
結婚ができるかできないかギリギリの人も多い。
非正規、そのほか
国民の3割程度。生活は苦しく、男性の場合、結婚はかなり難しい。

徴である。大企業に勤務している人でも、必ずしも安泰ではなく、生活が苦しく「2人目の子供が持てない」というような人もけっこういるのだ。

韓国では大企業にさえ勤めれば「勝ち組」になれるが、日本の場合、大企業に勤めたとしても決して裕福な生活ができるわけではない、ということである。

日本では、バブル崩壊以降、大企業も中小企業も全体的に賃金が引き下げられており、国民全体の生活が苦しくなっている。

そして前述したように、大企業の賃金でさえ下がり続けていることが、他国への人材流出につながっており、情報漏洩、日本企業の技術優位の低下にまでつながっているのだ。

日本も大企業と富裕層の優遇政策をしている

また韓国の財閥優遇政策ほどではないが、日本もバブル崩壊以降、大企業や富裕層を優遇する政策を行っている。

それが**貧富の格差**につながっているのだ。

大企業、富裕層への優遇政策の最たるものが、消費税である。

日本では２０１９年に消費税が10％に引き上げられ、国税の税収の中では消費税がもっとも大きい税目になる。

実はこの消費税は、大企業と富裕層にとっては非常に有利に働く税金なのである。

そのカラクリを説明したい。

消費税が導入されたのは１９８９年のことである。

その直後に法人税と所得税が下げられた。

また消費税が３％から５％に引き上げられたのは、１９９７年のことである。そして、その直後にも法人税と所得税はあいついで下げられた。

そして法人税の減税の対象となったのは大企業であり、また所得税の減税の対象となったのは、高額所得者だった。


所得税の税収は、１９９１年には26・７兆円以上あった。

しかし、２０１８年には19兆円になっている。

法人税は１９８９年には19兆円あった。しかし、２０１８年には12兆円になっている。

つまり所得税と法人税の税収は、この30年の間に14・７兆円も減っているのだ。

一方、現在の消費税の税収は17・6兆円である。

つまり、消費税の税収の大半は、所得税と法人税の減税分の穴埋めで使われているのだ。消費税によって、新たに使えるようになった財源は、わずか3兆円に過ぎないのだ。

「消費税は少子高齢化対策のための社会保障の財源として必要」と、これまで財務省や財界やマスコミはさんざん喧伝してきた。が、実際には、法人税と所得税の減税の穴埋めに使われただけなのである。

日本の法人税にも巨大な抜け穴が

こういうことを言うと、

「日本の法人税は世界的に見て高いから、下げられてもいいはず」

と反論する人がいる。

が、日本の法人税は、「名目上の税率」は非常に高く設定されているが、「事実上の税率」は驚くほど低いのだ。

日本の実質的な法人税率

	経常利益	法人税収	実質法人税率
2013年	72.7兆円	10.5兆円	14.4%
2015年	80.9兆円	10.8兆円	13.3%
2017年	96.3兆円	12.0兆円	12.5%

※経常利益は財務省発表の法人企業統計調査より抽出、法人税収も財務省発表資料より抽出

韓国では、サムスンの実質的な税負担率が驚くほど安いということを前述した。が、日本でも同様のことが大企業の税金において起こっているのだ。

現在、日本の法人税率は23・2％（国税）である。

この法人税率は、確かに先進国の中では決して安くはない。イギリスやドイツのほうが低く、アメリカも減税を行っているので日本よりも安くなっている。が、これは**「名目の法人税率」**の話だ。日本の場合、名目の法人税率は高く設定されているが、さまざまな抜け穴があるために、実質の法人税率は著しく低いのだ。

上の表は、法人統計調査から抽出した日本企業全体の「経常利益」と法人税収を比較したものである。

これを見ると、日本企業は経常利益に対して法人税は10％ちょっとしかかかっていないことがわかる。現在の日本の法

人税の名目税率は23・2％なので、だいたい半分しか払っていないことになる。

これは先進国では異常に安く、先進国以外の世界的に見ても非常に安い部類である。タックスヘイブンのレベルだといっていい。中国は「半タックスヘイブン」と言われているが、だいたい中国と同じくらいの税率なのだ。

これを見ると、**絶対に日本の法人税は高いなどとは言えない**はずである。

日本も大企業優遇税制

なぜ日本企業の実質的な法人税率がこれほど低いのかというと、先ほども触れたように日本の法人税には巨大な抜け穴が存在するからだ。

しかも、その抜け穴は、大企業にばかり集中しているのだ。

つまりは、日本では大企業の実質法人税負担率が異常に低いために、法人税収を大幅に引き下げているのだ。

大企業の法人税の抜け穴は多々あるが、代表的なのは２００３年に導入された「研究開発費減税」である。

「研究開発費減税」というのは、簡単に言えば、「試験開発をした企業はその費用の10％分の税金を削減しますよ」という制度だ。限度額はその会社の法人税額の25％である。

「試験開発のための費用が減税されるのはいいことじゃないか」

と思う人も多いはずだ。

しかし、この制度には大きな欠陥というか、カラクリがある。

この研究開発費減税は、実質的には「研究開発費を支出する余裕のある大企業しか受けられない」のだ。

中小企業も当然、研究開発を行っているが、わざわざ別途に研究開発費を出す余裕はなく、日常の経費の中で賄っている。そういう研究開発については、減税の対象にはならない。

しかも、研究開発費の範囲が広く設定されているので、製造業の大企業であれば、だいたい受けられるという制度なのだ。

つまり、大まかに言えば、この制度は「大企業の法人税を25％下げた」ということである。実際に、この減税を使っているのは、ほとんどが大企業だ。試験開発減税は、全体の0・1％にも満たない資本金100億円超の企業への減税額の8割を独占している。

韓国では、サムスンしか受けられないような設備投資減税をつくっている、ということを前述したが、それと似たようなことを日本でもやっているのだ。

日本の法人税が実質的に低いことは、日本企業の内部留保金を見てもわかる。日本企業はバブル崩壊以降に内部留保金を倍増させ446兆円にも達している。内部留保金というのは、企業の利益から法人税と配当を差し引いた残額である。近年、企業配当は激増しているのに、内部留保金も激増しているということは、つまりは法人税が安いのである。

消費税が日本の格差を広げた

消費税を引き上げて、法人税や富裕層の所得税を引き下げるということは、貧富の格差を広げることに直結する。

なぜなら、消費税というのは、貧しい者ほど収入における負担率が高くなるという「逆進税」だからである。

まず思い起こしていただきたい。

格差社会といわれるようになったのは、消費税導入以降のことである。消費税導入以前、日本は「一億総中流社会」と言われ、格差が非常に少ない社会だったはずだ。

税の専門家の間では消費税を導入すれば、貧困層がダメージを受けるということは、当初から言われていたことだ。税金の常識である「金持ちの負担を多く、貧乏人の負担を少なく」ということにまったく逆行しているのだ。

なぜ「消費税は金持ちが負担が少なく、貧乏人の負担が多い」のか、簡単に説明しよう。

消費税は、何かを消費したときにかかる税金である。

そして人は生きていく限り、消費をしなければならない。「自分は貧乏だから消費をしない」というわけにはいかないのだ。

そして貧乏人ほど収入に対する消費の比重が大きい。だから、消費に税金がかけられれば、一番ダメージを受けるのは貧乏人なのである。

簡単にいえば、こういうことである。

貧乏人は所得のほとんどを消費に回すので、所得に対する消費税の割合は、限りなく10%に近いことになる。

たとえば年収300万円の人は、300万円を全部消費に使うので、消費税を30万円払っていることになる。３００万円のうちの30万円払っているということは、つまり貧乏人にとって消費税は、所得に10％課税されるのと同じことなのである。

しかし、金持ちは、所得のうち消費に回す分は少ない。だから、所得に対する消費税率の割合は非常に小さくなる。

たとえば1億円の収入がある人が、２０００万円を消費に回し、残りの８０００万円を金融資産に回したとする。この人は所得のうち5分の1しか消費に回していないので、所得に対する消費税の課税割合も5分の1である。つまり、所得に対する消費税率は、２％で済むのである。

これを所得税に置き換えれば、どれだけ不公平なものかがわかるはずだ。

もし、貧乏人は所得に対して10％、金持ちは2％しか所得税が課せられない、となれば、国民は大反発するはずだ。しかし、実質的にはそれとまったく同じことをしているのが、消費税なのである。

消費税の逆進性を和らげるために、生活必需品に軽減税率を設けたりしているが、軽減税率と言っても2％低いだけである。欧米のように生活必需品の多くを非課税にするような、包括的な逆進性緩和措置はとられていない。

この消費税が、日本の税収の柱になっている以上、日本社会の格差化はこれからどんどん進むと思われる。

日本の消費税は、まさに**「格差社会いらっしゃい」**というような税金なのである。

消費税は少子高齢化の一因にもなっている

消費税というのは、「消費が多い世帯」ほど収入における負担割合が大きくなる。

では、どういう世帯が消費が多いかというと、「子育てをしている世帯」だといえる。

子育て世帯に対しては、「児童手当を支給しているので負担は軽くなったはず」と主張する識者も多い。しかし、この論はまったくの詭弁《きべん》である。

児童手当というのは、だいたい1人あたり月1万円、年にして12万円程度である。

その一方で、児童手当を受けている子供は、税金の扶養控除が受けられない。そのため、だいたい平均で5～6万円の所得税増税となる。それを差し引くと6～7万円である。つまり、児童手当の実質的な支給額というのは、だいたい年間6～7万円しかないのだ。

子供1人にかかる養育費というのは、年間100万円では到底不足である。食費やおやつ、洋服代、学用品などの必需品だけでも平均で100万円はゆうに超えるだろう。ちょっと遊びに行ったり、ちょっとした習い事などをすれば、すぐに200〜300万円になる。もし、子供の養育費が200万円だったとすれば、負担する消費税額は20万円となる。

児童手当では、まったく足りないのである。

日本人全体の生活は年々苦しくなってきており、それが少子高齢化の原因にもなっている。

公益法人「1more baby 応援団」の既婚男女3000名に対する2018年のアンケート調査では、子供が2人以上欲しいと答えた人は、全体の約7割にも達している。

しかし、74・3%の人が**「2人目の壁」**が存在すると回答しているのだ。

「2人目の壁」というのは、子供が1人いる夫婦が、本当は2人目が欲しいけれど、経済的な理由などで2人目をつくることができないということだ。

サラリーマンの給料はこの20年で10ポイントも下がっているのに、消費税増税や社会保険料の負担増が続いている。それは若い夫婦の生活を直撃し、少子化の大きな要因になっているのだ。

日本は中小企業に支えられているのに

日本経済と韓国経済を比較した場合、日本の一番の強みは「優秀な中小企業がたくさんいる」ということだと前述した。

韓国が日本から部品や工業材料を輸入せざるを得ないのも、煎《せん》じ詰めれば優秀な中小企業がいないからである。日本の部品や工業材料は高度な技術によってつくられており、精密機械などに欠かせない素材をたくさんつくっている。

そして、それらの部品や工業材料を担っているのは、主に中小企業なのである。小説『下町ロケット』などでも描かれているように、日本には、世界に誇れるような技術を持っている中小企業が多々ある。

そこが韓国経済に対する大きな強みにもなっている。

また現在、日本経済を支えているメーカーたちの多くは、政治と癒着した財閥系よりも、町工場から出発した企業が多い。トヨタにしろ、ホンダにしろ、パナソニックにしろ、ソニーにしろ、最初は技術者が創業した企業である。

町工場から世界に通用するような製品をつくれるということは、日本の産業界や技術者の層が厚く、レベルが高いことでもある。明治以来、日本はそういう町工場が生まれてくる教育環境、経済環境をつくってきたのである。


では現代の日本はどうか、というと決して中小企業を大事にしているとは言いがたい。

先ほども述べたように、大企業にしか適用できないような減税制度をつくったり、事実上、大企業の補助金になるような施策ばかりを行っている。

また消費税は、**中小企業にこそ打撃が大きい税金**である。

消費税というのは製品に消費税を上乗せすることで、購入者に払ってもらう税金という建前になっている。

が、中小企業が大企業に部品などを納入するときに、消費税を上乗せすることはなかなか難しい。形式的に消費税を上乗せすることはできても、本体価格の値下げを要求されたりすることも多々ある。

特に昨今は大手メーカーなどは「コストカット」と称して中小企業に支払う経費を切り

詰めてきた。国もそれを見て見ぬふりをしてきた。

現在の日本経済が、中小企業に優しいとはとても言いがたいのである。

もし、日本の中小企業がどんどんつぶれたり、日本ではやっていけずに海外に移転するようなことが頻発すれば、日本経済の優位性はなくなるのである。

日本でも新規企業が育っていない

また韓国ほどではないにしろ、日本でも老舗の大企業が日本経済を支配する傾向が強くなっている。

実は昨今の日本では、新しい企業の成長が非常に鈍っているのだ。日本経済では、新しい企業がなかなか育ってこずに、企業全体の数も減っているのだ。

こういうことを言うと、「ＩＴ企業など、新しい企業はどんどん出てきているじゃないか」と反論する人もいるだろう。

確かにＩＴ系の新興企業の社長たちは、六本木ヒルズなどにオフィスを構え、テレビやネット、雑誌などでもたびたび登場している。女優やタレントと付き合ったり、派手な私

2017年度　日本企業　時価総額上位10位の創業年度

1位	トヨタ	1937年
2位	NTT	1952年
3位	NTTドコモ	1991（1952）年
4位	三菱UFJ	2006（1880）年
5位	ソフトバンク	1978年
6位	キーエンス	1974年
7位	KDDI	1970年
8位	ゆうちょ銀行	2006（1875）年
9位	任天堂	1947年
10位	ソニー	1946年

生活が話題になることも多い。

そのためＩＴ企業などの新興企業が非常に盛んになっているような印象を受ける。

が、経済全体から見れば、全然そうではない。

日本企業の時価総額ランキングを見ると、10位までの中に創業30年以内の企業は１社もない。

もっとも新しい企業というのは、ソフトバンク（創業41年）なのだ。

つまり、日本で本当に強い企業というのは、創業40年以上の老舗ばかりなのである。

2017年度　アメリカ企業　時価総額上位10位の創業年度

1位	アップル	1976年
2位	グーグル	1994年
3位	マイクロソフト	1975年
4位	バークシャー・ハサウェイ	1888年
5位	エクソン・モービル	1911年
6位	アマゾン	1994年
7位	フェイスブック	2004年
8位	ジョンソンエンドジョンソン	1887年
9位	JPモルガンチェース	1799年
10位	GE	1892年

会社なんてそういうもんだろうと思った人も多いかもしれない。

しかし他の国では決してそうではない。

これはアメリカと比べれば、非常にわかりやすい。

アメリカは上記のように、時価総額10位以内に、創業30年以内の企業が3社も入っている。しかもこの3社は、1990年代以降に設立されたものであり、フェイスブックは創業わずか15年である。

これを見ると、日本の主要企業はアメリカと比べるとかなり高齢化が進んでおり、若い企業がなかなか育っていないことがわかるはずだ。

それどころか日本では、時価総額50位の中にさえ、創業30年以内の企業はないのだ。100位にまで範囲を広げれば、ようやく60位台にヤフーが入ってくる。

10位の中に3社も入ってくるアメリカとは大きな違いがある。

日本経済の主流は「昔ながらの大企業」であり、新興企業はなかなか中心に入っていけていない状態になっているのだ。

企業の数も減っている

しかも、日本経済の場合、新興企業が育ってきていないだけではなく、企業の数自体が減っている。

日本の会社はこの15年間でなんと100万社も減少している。

中小企業白書によると、日本の企業は1999年には484万社あったが、2014年には382万社になっている。

15年間で100万社、実に20％以上の激減である。

日本も以前は会社の数は増え続けていたが、80年代前半に開業する会社より廃業する会社のほうが多くなり、会社の総数は減少に転じたのだ。

ほとんどの先進国では、微増ではあるが会社の数は増え続けている。日本だけ企業の数が激減しているのだ。

つまり日本は、子供の数が減っているだけではなく、企業の数も減っているわけだ。

なぜ日本で新しい企業が育ちにくいのか？

その最大の要因は、日本の業界のあらゆる業界は**「既得権益」「規制」**で固められているため、新規に入っていける隙がないことである。

筆者は下級官僚として、日本経済の現場を見てきた。

驚いたことに、日本の産業ではあらゆる業界に「既得権益」と「規制」があり、新規参入は非常に難しいのだ。

日本の各産業は表立った「規制」ばかりではなく、さまざまな方法で新規参入者が入ってこられないような仕組みをつくっている。というより、まったく自由参入できる業界というのは、数えるほどしかない。

輪の中に入れればいい目を見られるけれど、輪の中に入れなければ生きていくのも困難、日本経済はそういう状態になっているのだ。つまり**「コネ」**があるものだけが潤い、それ以外の者はやっていけない社会になりつつあるということである。

韓国の財閥ほどではないにしろ、そういう状態に近づきつつあるといえるのだ。

日韓共通の過ち「経済成長至上主義」

日本と韓国は、社会が抱えている問題に共通するものが多い。

そもそも社会自体が似通っていること。そして両国とも、欧米に追い付くために急激な社会変革を行ったこと。それが、両国に共通の社会問題が生じた主な理由だと思われる。

その最たるものが**「経済成長最優先の弊害」**である。

日本と韓国は、どちらも「経済成長」を最優先するという過ちを犯してきた。

日本も韓国も、欧米に比べれば経済発展は遅れていた。そのため両国ともに経済成長を最優先にしてきた。貧困国だったときはそれでもいい。経済成長ののびしろが大きいし、経済成長とともに国民生活も豊かになっていくからだ。

しかし日韓両国は先進国になってからも相変わらず新興国のような経済成長を追い求め

てきた。

経済成長するには、大企業の収益を上げることがもっとも手っ取り早い。だから、国の資金を大企業に集め、大企業を成長させ、大企業が収益を上げることを、経済政策の中心に掲げてきた。

大企業の収益を上げるために、国民の大半の賃金を切り下げたり、中小企業を切り捨てたりしてきた。

それが、現在の韓国の「財閥支配経済」につながり、日本の「大企業の役員と株主だけ潤う経済」になっているのだ。

しかし、経済成長というのは、そもそも国民生活を豊かにするためのものである。経済成長のために国民生活を犠牲にする、というのは、玉より飛車を大事にするヘボ将棋と同じことであり、本末転倒の最たるものである。

また国民生活をおざなりにするということは、長い目で見れば、その国の経済成長を阻害することにもなる。

経済というのは、企業ばかりを優先していれば、やがて行き詰まる。

当たり前のことだが、経済というのは企業の力だけがいくら強くても成り立たない。企業のつくったもの（サービス）を買ってくれる「豊かな市場」があって、はじめて企業は存在できるのだ。

企業が人件費や下請けに払う経費を切り詰めれば、一時的に収益が上がる。だから、それで経済成長したように見える。

しかし、企業が人件費や下請けの支払いを切り詰めれば、国民の収入は下がり、購買力も低下する。国民の購買力が低下するということは、企業にとっては、「市場が小さくなる」ということだ。

市場が小さくなっていけば、企業は存続できなくなる。それは、当たり前といえば当たり前のことである。

また企業にとって、**「優秀な国民」**こそが最大の原動力である。

日本の企業にしろ、韓国の企業にしろ、優秀な社員がいたからこそ、ここまで成長できたのだ。国民生活のレベルが下がれば、国民の能力も低下する。それは優秀な人材がいなくなるということでもある。

企業は自分たちの将来のためにも社会にしっかり還元し、国民全体が豊かな暮らしができるように配慮しなければならないはずだ。

このままいけば、日本は莫大な内部留保金を蓄えたまま沈没していき、韓国は財閥が莫大な収益を握ったまま沈没していくことになる。

実は日本文化が大好きな韓国人

何度か触れたように、日本は韓国に対して「財閥への国民の不満を反日感情にすり替えるのはやめてくれ」と主張すべきである。

が、日本自身も大企業優遇政策をやめて、国民全体に活力のある経済社会を取り戻さなくてはならない。

韓国という国は、日本に複雑な感情を持っている。

日本をライバル視し敵視する一方で、日本に対する憧憬の思いが強い。

たとえば、韓国では日本の書籍が非常によく読まれている。特に日本の小説は、韓国で非常に人気があるのだ。

2009年の時点で、韓国の出版物における翻訳書の割合は31%である。そして翻訳書の中でもっとも多いのは日本の翻訳書で4592点だった。2位のアメリカが3992点、イギリスは1129点である。

つまり韓国人がもっとも読んでいる外国の本は、日本の本なのである。

中でも、日本の小説は韓国で非常に読まれている。2010年に韓国で出版された日本文学は832点である。そして、2010年に韓国で売れた小説の20%が日本の小説だったのである。

一方、日本の場合、韓国の翻訳小説は非常に少ない。2010年に日本で発行された韓国の小説は27点に過ぎず売上は1%にも満たない。

書籍の分野においては、日韓の流れは「日本から韓国」一辺倒なのである。音楽のように韓国から日本への逆流はまだないのだ。

韓国では特に村上春樹の人気が高く、「1Q84」は2009年だけで70万部を売り上げた。日本の人口比に換算すると200万部近くのヒットに相当する。日本で外国の小説が200万部も売れるということは、あまり考えられない。

日本の小説をここまで愛読している国は、韓国以外にはないのである。

韓国経済が日本を模倣することで、急成長してきたことはこれまで述べてきた通りである。韓国は日本がすることならば、何でも真似をするという性質を持っている。

だから日本が韓国に先んじて、**「新興国経済」**から脱し、まず国民生活を大事にする社会をつくり得たならば、韓国は必ずそれを真似するはずなのだ。

日本も韓国もこのままの状態が続けば、20年後、30年後には必ず国力が低下し、老人だらけの活力のない国になってしまう。

そうならないために、日韓両国は今しなければならないことは何かを、冷静に考えるべきだろう。

著者プロフィール

大村大次郎（おおむら・おおじろう）

大阪府出身。元国税調査官。国税局で10年間、主に法人税担当調査官として勤務し、退職後、経営コンサルタント、フリーライターとなる。執筆、ラジオ出演、フジテレビ「マルサ!!」の監修など幅広く活躍中。主な著書に『消費税を払う奴はバカ！』『消費税という巨大権益』『完全図解版　税務署員だけのヒミツの節税術』『ほんとうは恐ろしいお金のしくみ』『相続税を払う奴はバカ！』『お金で読み解く明治維新』『アメリカは世界の平和を許さない』『99%の会社も社員も得をする給料革命』『世界が喰いつくす日本経済』『ブッダはダメ人間だった』『「見えない」税金の恐怖』『完全図解版　あらゆる領収書は経費で落とせる』『税金を払う奴はバカ！』（以上、ビジネス社）、『「金持ち社長」に学ぶ禁断の蓄財術』『あらゆる領収書は経費で落とせる』『税務署員だけのヒミツの節税術』（以上、中公新書ラクレ）、『税務署が嫌がる「税金0円」の裏ワザ』（双葉新書）、『無税生活』（ベスト新書）、『決算書の9割は嘘である』（幻冬舎新書）、『税金の抜け穴』（角川oneテーマ21）など多数。

韓国につける薬

2019年11月1日　第1刷発行

著　者　　大村 大次郎
発行者　　唐津 隆
発行所　　株式会社ビジネス社
〒162-0805　東京都新宿区矢来町114番地 神楽坂高橋ビル5階
電話　03(5227)1602　FAX　03(5227)1603
http://www.business-sha.co.jp

印刷・製本　大日本印刷株式会社
〈カバーデザイン〉中村聡
〈本文組版〉茂呂田剛（エムアンドケイ）
〈編集担当〉本田朋子
〈営業担当〉山口健志

ISBN978-4-8284-2141-4

ビジネス社の本

消費税という巨大権益

朝日新聞、トヨタ、経団連、財務省など増税で潤う奴らの正体

定価　本体８００円＋税

ISBN978-4-8284-2089-9

大村大次郎……著

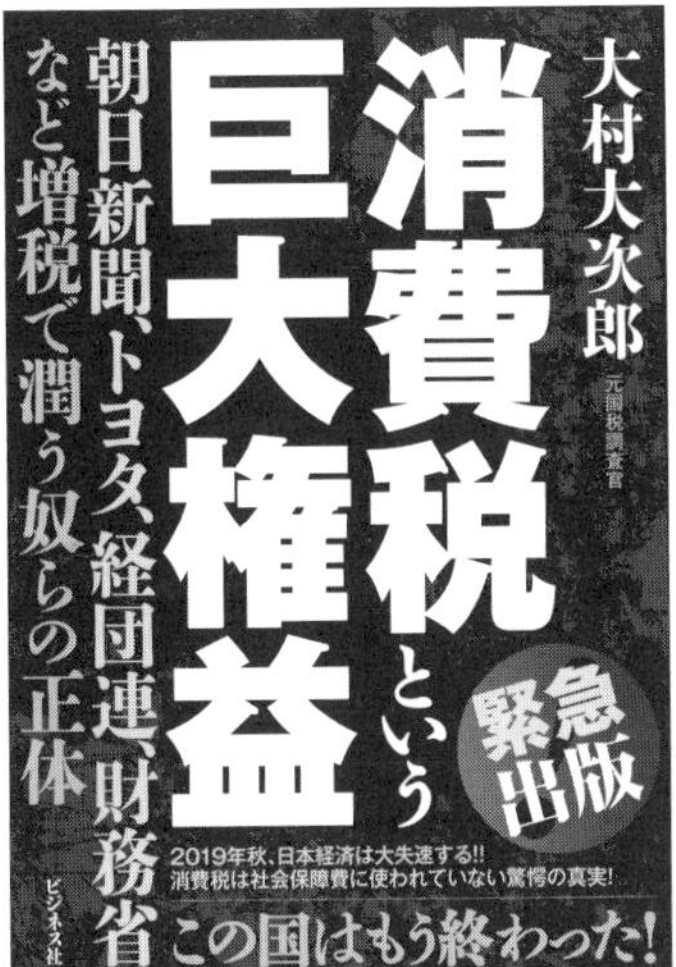

消費増税を凍結せよ！

緊急出版！
２０１９年秋、日本経済は大失速する！！
消費税は社会保障費に使われていない驚愕の真実！
〈この国はもう終わった！〉

本書の内容

第１章　「消費税は公平な税金」という大ウソ
第２章　朝日新聞が消費税推進派になった「とんでもない理由」
第３章　経団連の大罪
第４章　消費税で大儲けしたトヨタ
第５章　やはり元凶は財務省
第６章　財源はいくらでもある